CONSULTORÍA SISTÉMICA

La organización como un sistema vivo

Siebke Kaat y Anton de Kroon

A todos quienes nos permitieron la experiencia
más profunda de lo que significa el pertenecer y
el tomar tu único lugar en los sistemas.

Título original: Systemisch adviseren, de organisatie als
levend systeem

Traducción: Gloria Davila

©2016 SystemicBooks.com
Siets Bakker
Het Veer 38
1633 HE Avenhorn
Nederland

www.systemicbooks.com
contact@systemicbooks.com

©2016 Siebke Kaat y Anton de Kroon

ISBN 978-94-92331-07-6
NUR 770

Prefacio

En este libro Siebke Kaat y Anton de Kroon están creando un nuevo sendero.

El trabajo sistémico-fenomenológico en un principio comenzó con el método llamado constelaciones (familiares y organizacionales), lo cual hoy en día es ampliamente conocido. Durante los últimos 15 años nos han mostrado como se conforman nuestros sistemas sociales, incluyendo las organizaciones. La atención, como era de esperarse, recayó en el procedimiento bastante espectacular de las constelaciones; la desventaja siendo que la calidad de su metodología depende mucho de la persona que lo aplica, el facilitador de la constelación. Siebke y Anton han logrado una vuelta en U completa, al enfocarse en hacer el cuerpo de pensamiento sistémico aplicable sin ser dependiente de las constelaciones. Te proporciona un sentimiento de placer tremendo cuando, con la pregunta u observación perfecta, de repente sientes que una vez más, oleadas de luz brillan sobre un problema. Bueno, no se convierte uno en un maestro del arte de la percepción sistémica en cinco minutos. Sin embargo, lo que sí puedes hacer en ese tiempo es comenzar a familiarizarte con su lenguaje.

Siebke y Anton son profesionales con una experiencia extensa y práctica. Son personas firmemente conectadas a la tierra, luminosas −sin miedo a ensuciarse las manos, pero nunca sin ir a la deriva. Ya, durante más de una década, han estado utilizando la percepción sistémica en sus prácticas como consultores y aún más importante, en su diario vivir. La intervención sistémica de hecho es más una propuesta permanente que una herramienta temporal. Te conviertes en el actor en lugar del hacedor, de la misma manera que el cincel de un artesano es parte de él. Al verlo parece que sólo es el martillo el que le pega al cincel; en su interior algo muy diferente está sucediendo.

Esta es el proceder sistémico, la manera de Siebke y Anton.

En este libro los acompañarás y, con bastante frecuencia, te permitirán que te vayas por tu cuenta, confiando en ti y con la certeza de que con la brújula sistémica tendrás un instrumento agradable y útil que te guiará a lo largo del bosque que se llama una organización.

Jan Jacob Stam

Gracias

Aquí, frente a ti, yace un libro sobre la consultoría sistémica. Para nosotros, los autores, es más que eso. También representa nuestro propio desarrollo a medida que nos convertíamos en consultores sistémicos. La vereda que transitamos es uno sin un punto claro de inicio y desde luego sin un punto claro de llegada. El desarrollo continúa.

Gracias a todos los que están detrás y junto a nosotros.

Un gran número de experiencias, cursos, maestros, colegas, tareas y conferencias nos han formado a los dos. Nos proporcionaron apoyo cuando lo necesitamos y momentos de reflexión los cuales aportaron de manera significativa a nuestro crecimiento. Aun cuando no los nombremos aquí, todos tienen su lugar. Sinceramente deseamos que cada uno de ellos reconozca un poco de sus ideas o situaciones en este libro.

Además, hay personas que nos alentaron a que compartiéramos nuestro desarrollo y nuestra visión acerca de nuestra profesión en la forma de un libro.

Los participantes, en cursos que dimos, que nos pedían que escribiéramos lo que estábamos diciendo, fueron un estímulo para hacer justo eso. También Jan Jacob Stam sin duda jugó ese papel; desde su involucramiento intenso con la propuesta sistémica siempre está inspirando experimentos e innovaciones. En el momento exacto preguntaba: "¿Cómo van con el libro?"

Por último, este libro no hubiese llegado a existir sin el apoyo, durante el proceso de escribirlo, de la gente en nuestras vidas personales que nos dieron el tiempo y el espacio que demandaba el trabajo y aquellos que leyeron los manuscritos y nos hicieron sugerencias valiosas.

Gracias a todas las organizaciones

Nuestro agradecimiento a nuestros clientes, a las organizaciones y a su gente, para quienes trabajamos durante varios años, y donde fue posible que aprendiéramos acerca de ese organismo vivo llamada la 'organización'.

La innovación y el crecimiento llegan a la vida por medio del intercambio. Al confiar en soltar propuestas y conceptos habituales, se revela la opción de la renovación. A través de nuestro trabajo aprendimos nuevas veredas y nuevas formas de llegar a ellas. Todos los ejemplos en este libro se derivan de nuestra propia práctica; que son una pequeña ventana hacia un cuerpo de trabajo mucho más grande.

¿Cómo es posible que pudiéramos, nosotros los autores, restablecer el equilibrio en el tomar y dar con todos los que han contribuido a lo largo de los años, con nuestro crecimiento, y por ello, al del libro? Seguramente el regalo más precioso sea, que nos hemos nutrido con lo que recibimos y se lo hemos pasado a otros: a las organizaciones, a los consultores y a los directivos.

Con gratitud

Índice

Introducción

Es común que los consultores se les inviten a trabajar en una organización cuando sus directivos no pueden encontrar soluciones a sus problemas empresariales. Es así como ayuda experta se contrata – de manera temporal.
La consultoría sistémica es muy diferente de otro método de consultoría en donde no es el consultor el experto, sino la misma organización.

¿Entonces qué debe hacer el consultor? De esto es lo que trata este libro.

¿Cómo empezó?

La consultoría sistémica está inspirada tremendamente por el campo de pensamiento que subyace al trabajar por medio de las constelaciones organizacionales. Tan pronto aprendimos a facilitarlas, empezamos a actuar desde esa actitud y conocimiento en nuestras sesiones de consultoría día a día. Cada vez más tuvimos éxito en traducir las directrices para facilitar constelaciones en nuestra propia actitud como consultores. Y aquí, justo como es el caso al facilitarlas, nuestros darnos cuenta era y es, una fuente crucial de información. Haciendo preguntas y comentarios ordinarios, aprendimos que, junto con el cliente, equipo o consultante interno, podíamos lograr percepciones en la manera en que los sistemas organizacionales reaccionan, se mueven y sobreviven.

La naturaleza continúa sorprendiéndonos. Observando el intercambio entre todas las creaturas nos sentimos fascinados por las especies individuales y la preciosa unidad entre todas ellas. Al explorar de modo profundo en los sistemas vivos, una y otra vez, en nuestra mente, aparecía la organización como un prototipo específico de sistema vivo. Tanto un sistema vivo como también un sistema ordinario con necesidades, incrustado en y dependiente de un todo más grande.

Un deseo

Por medio de este libro, esperamos alentarte a que tomes un punto de vista sistémico de las organizaciones y mostrarte como puedes contribuir para la vitalidad de los sistemas en los cuales se te invita a ayudar.

De forma constante, estamos caminando dos, si no tres, veredas en este libro. Además de la teoría proporcionamos bastantes ejemplos de nuestras propias prácticas de consultoría, con la esperanza de que esto la haga más entendible para el lector y más fácil de aplicar en su propia práctica. También proponemos preguntas para ayudarte a comenzar tus propias exploraciones sistémicas.

Por más útiles que sean nuestros conocimientos, es importante que te ayudemos a encontrar tus propias respuestas a la pregunta: "Todo lo que dicen está muy bien, pero como consultor, ¿qué tipo de intervenciones puedo hacer y qué necesito para hacerlas?"

Los ejemplos que damos se derivaron de nuestra práctica, que no es lo mismo que la práctica. Para nosotros están conectadas a un tiempo y espacio especifico y, al mismo tiempo, son ilustraciones generales. El saber quién, dónde y cuándo destruiría nuestro mensaje. Nuestro deseo es que te dejes impresionar por una perspectiva toda amorosa, incluyente, sin ninguna opinión o juicio acerca de las organizaciones y la gente que temporalmente las ocupa.

La estructura del libro

Consideramos a las organizaciones como sistemas vivos. Nuestro entendimiento de lo que conforma un sistema viviente, sus características y a qué grado puede uno reconocerlos en una organización, es de lo que escribimos en el primer capítulo.

En el capítulo dos damos una percepción a las diversas fuentes de la propuesta sistémica.

En el tercero miramos con mayor profundidad a las organizaciones como sistemas vivos. Discutimos las necesidades fundamentales que deben cumplirse para crear un sistema organizacional perfectamente sólido. También describimos algunos patrones de reacción que las organizaciones pudieran mostrar si una o más de estas necesidades no se satisfacen.

En el cuatro nos encontramos con el consultor sistémico. Empezamos con la actitud básica que se necesita para fortalecer los sistemas organizacionales y continuamos elaborando qué es aquello tan específico del método con el que trabaja el consultor sistémico.

Hubo dos razones para escribir el breve capítulo quinto acerca del coaching sistémico. Existe una relación con la consultoría sistémica y el hecho de que muchos consultores también trabajan como coaches. Puesto que el énfasis del libro es en apoyar y fortalecer a los sistemas organizacionales, este capítulo, acerca del coaching individual es bastante corto.

Por lo general, los consultores aparecen en las organizaciones cuando algo no marcha bien o cuando los directivos no pueden por sí sólos arreglar el problema. Pero la propuesta sistémica realmente puede apoyar en prevenirlo. Es satisfactorio cuando cada persona, que lleva a cabo sus tareas y obligaciones diarias, contribuye con facilidad a la energía vital de una organización. Ya que esto está sobre todo en las manos de los líderes de los equipos, los gerentes y los directores, el capítulo seis ofrece algunas intervenciones preventivas y cotidianas como herramientas para estos grupos.

En el séptimo y último capítulo te daremos una idea de cómo mirar de manera sistémica al mundo que te rodea.

Por último

Creemos en el crecimiento a través del intercambio. Este libro es una fotografía instantánea en el tiempo. Hay tanto que saber acerca de este sistema fascinante, vivo que llamamos una organización; que nos encantaría continuar nuestro aprendizaje caminando el sendero del trabajo sistémico-fenomenológico junto contigo.

Así es que te invitamos a que compartas tus descubrimientos y experiencias con nosotros y con otros.

Siebke Kaat y Anton de Kroon
Enero 2013
Siebke Kaat: siebke.kaat@pragmavision.nl
Anton de Kroon: ak@hellingerinstituut.nl

Capítulo 1 Los sistemas vivos

- Una organización: un sistema vivo
- Las características de los sistemas vivos
- Ejemplos

Una organización: un sistema vivo

'En la propuesta de sistemas, las propiedades de las partes sólo pueden ser entendidas desde la organización de la totalidad. En consecuencia, el pensamiento de sistemas se concentra no en bloques de construcción básicos, sino en los principios elementales de organización. El pensamiento de sistemas es 'contextual', lo cual es lo contrario al pensamiento analítico. Analizar significa desmenuzar algo para poder entenderlo; el pensamiento de sistemas significa poner algo en el contexto de un todo mayor.'

(Fritjof Capra: El tejido de la vida. 1997)

En este libro vemos a las organizaciones como sistemas vivos y a lo que un consultor puede contribuir desde esta perspectiva. No estamos diciendo que es la única, ni la única manera correcta de mirar. Nos limitamos a afirmar que este punto de vista, como cualquier otro, tiene sus propios valores y verdades. En este primer capitulo examinamos las características de los sistemas vivos e investigamos hasta que grado o no, pudieran compartir estas particularidades las organizaciones. ¿Son ellas en realidad sistemas vivos? ¿Son diferentes a otros sistemas vivos? Para hacerlo, utilizamos las percepciones del pensamiento de sistemas, como están descritos entre otros, por Fritjof Capra en El tejido de la vida. Ésta es una técnica que mira al todo. Significa no sólo observar los subsistemas individuales, pero lo más importante, el cómo interactúan entre sí y con los sistemas que lo rodean, y también el mirar a sus lugares en el contexto de la totalidad.

Cabe aquí una aclaración de la palabra sistema. Un sistema es una identidad reconocible, la cual consiste de partes múltiples. Se deriva del griego sustèma, que quiere decir armar, preparar, componer, redactar. Un sistema vivo es una entidad, un todo que está en permanente interacción con los sistemas que lo rodean y se adapta a ellos para poder sobrevivir. Se requiere de cierta cantidad de inestabilidad para cambiar, adaptarse e innovarse, y por lo tanto para su sobrevivencia. Pero también se necesita estabilidad para que exista esta entidad. Un buen ejemplo de un sistema vivo es una colmena: luego en el capítulo volveremos a visitar esta idea.

Consideramos a las organizaciones como sistemas vivos, porque las puedes reconocer como una entidad y porque siempre están interactuando con el mundo circundante a través de sus múltiples partes interactivas. Y por último, están marcadas tanto por la estabilidad y la inestabilidad como por su énfasis en continuar con su existencia. En los siguientes párrafos examinamos las diversas características de los sistemas vivos y las ponemos en el contexto de las organizaciones.

Las características de los sistemas vivos

'Para entender las cosas de manera sistémica, significa literalmente ponerlas en un contexto, establecer la naturaleza de sus relaciones.

Desde el punto de vista de los sistemas, el entendimiento de la vida empieza con el entendimiento de la pauta repetitiva.'

(Fritjof Capra: El tejido de la vida. 1997)

El mirar a los sistemas vivos quiere decir mirar al sistema como una totalidad, a la relación entre el todo y sus partes y a las partes que son las entidades más pequeñas. Además, cualquier sistema forma parte aún de un todo más grande.

Un sistema viviente está enfocado en la supervivencia, donde las partes están al servicio del todo. El sistema de por sí, está inmerso en una entidad aún más grande. Este campo completo de relaciones y dependencias esta siempre en movimiento. Y entre esta malla compleja de movimientos y conexiones, un sistema vivo tiene capacidad de auto-regularse, por medio del cual crea un equilibrio permanente, tanto en el balance entre sus partes como en la relación entre el sistema y su medio ambiente. Este equilibrio no puede ser uno que no sea dinámico, puesto que todo lo que vive está sujeto a un cambio constante.

Las características más extraordinarias de los sistemas vivos son:

- o Los sistemas vivos se enfocan en la sobrevivencia.
- o Cada sistema forma parte de un todo mayor.
- o Un sistema vive debido a un intercambio permanente.
- o Las partes de un sistema están al servicio de la totalidad.
- o El todo es más que la suma de sus partes.
- o Las partes muestran las propiedades del todo.
- o De manera natural, los sistemas vivos se auto-regulan.
- o Los sistemas vivos entienden el equilibrio dinámico entre la conservación y el intercambio.

Aquí describiremos de forma breve, y de dos maneras diferentes, cada una de estas características. Primero haremos comentarios generales acerca de cada una. En seguida la 'transferiremos' a las organizaciones preguntando: ¿cómo es que están presentes?

Al final del capítulo regresaremos al concepto de la totalidad, haciendo la pregunta, ¿son las organizaciones sistemas vivos?

Los sistemas vivos se enfocan en la sobrevivencia

Los sistemas vivos se enfocan en la sobrevivencia, el crecimiento y la reproducción. Observando el mundo de los animales, nos impresiona que las partes solas, los insectos o mamíferos individuales, no estén tan enfocados en su propia supervivencia, existen al servicio de la conservación de la especie. Cada individuo tiene un lugar en un todo mayor. Especialmente se reconoce cuando miras a animales que dependen de su grupo para seguir en la vida. Ya sea una parvada de gansos, una manada de venados, una escuela de peces o una colonia de hormigas, el comportamiento del individuo siempre contribuye a que la especie tenga una mejor oportunidad de sobrevivir.

¿Están las organizaciones enfocadas en la supervivencia?

Al contrario de otros sistemas vivos, las organizaciones tienen un momento específico cuando son fundadas, cuando son puestas en marcha. Tienen una razón clara por la cual llegaron a formarlas y una meta que va más allá de sencillamente perpetuar la vida. Su origen puede ser una idea, un deseo, una necesidad social o un vacío en el mercado. Y de manera subsecuente, surge un nuevo sistema, enfocado en metas específicas: abastecer el mercado con un servicio o un producto especial, y asegurarse de que el sistema sobreviva con el fin de adquirir dinero para sus partes. Un sistema organizacional puede adherirse de forma muy estricta a sus metas iniciales, o moverse sin incidentes de un lado a otro en un todo mayor, ajustando sus metas con dinamismo. También es posible que se cierre una organización. Cuando un sistema animal comienza a perder su vitalidad, su fuerza de vida, como en el caso de ya no poder recolectar suficiente comida, se extingue o se divide en partes más pequeñas. Por ejemplo, se ve esta división cuando las abejas vuelan para empezar un nuevo sistema en un lugar diferente. En el momento que un sistema organizacional ya no puede abastecer de 'alimento' a sus partes, entonces en efecto puede desaparecer, puede dividirse a sí misma. Pero también puede clausurarse o dejar que las partes decidan si inician un sistema nuevo, más favorable... o no.

Cada sistema forma parte de un todo mayor

'Hoy en día, muchos biólogos creen que todo el ecosistema evoluciona y que este proceso puede entenderse realmente sólo en el nivel de la ecología completa. ... Eso sugiere que cualquier evolución siempre es una evolución de un patrón de relaciones entre los organismos y su medio ambiente. Es el

patrón el que evoluciona, no únicamente las unidades separadas que lo muestran. ... Si intentamos mirar a la ecología organizacional desde esta perspectiva, necesitamos entender que las organizaciones y su medio ambiente están comprometidas en una pauta repetitiva de co-creación, donde una evoca a la otra'.

(Gareth Morgan. Las imágenes de la organización. 1986)

Los sistemas vivos, si bien se distinguen de su entorno, no se pueden separar de éste. Puedes ver a una planta y mirarla, pero para entender cómo es que sobrevive, debes considerar su medio ambiente: la temperatura, la cantidad de luz y lluvia, el suelo, el viento, los insectos, las aves y otros animales. Al tomar en cuenta todo entiendes por qué tiene espinas y un color brillante, por qué florece en determinado momento, cómo todo se alinea para asegurarse que las semillas se las coman las aves (que llegan justo cuando están maduras), y cómo su reproducción y el hecho de que siga existiendo está entretejido con todo tipo de sistemas que la rodean.

¿Se puede considerar a una organización separada de su entorno?

Por supuesto que no, es la respuesta obvia. A la organización no se le puede ver separada del todo que incluye a los clientes, al flujo de dinero, los edificios y todo lo demás. Pero con facilidad nos dejamos seducir en creer que eso es posible. ¿Hasta dónde tienes la tendencia, cuando lees un artículo en el periódico, o como empleado de una compañía o como consultor externo que se enfrenta a un problema, de concentrarte en sólo una sucursal, un equipo, o un gerente? Y, en cambio, qué difícil es empezar a revisar la interacción completa con el entorno que la rodea.

Un sistema vive debido a un intercambio permanente

El intercambio surge entre las partes del sistema y entre el sistema y el mundo a su alrededor. Ese es el todo mayor con el cual, a su vez, también constituye un sistema. Si, por cualquier motivo se estanca este intercambio, el sistema empieza a perder fuerza de vida. Todos los sistemas vivos obtienen alimento, agua, oxígeno y todo lo necesario fuera del sistema y lo convierten en energía. Ésta se desprende por una conversión en donde todas las partes internas están involucradas y entonces se libera el desperdicio para que lo eliminen. De este modo hay un ininterrumpido flujo de intercambio.

Las organizaciones y el intercambio permanente

Todo tipo de cosas fluyen a la organización: bienes, gente, dinero, conocimiento. Algo les sucede a estas cosas, dando como resultado un sacar productos y servicios que garantizan una entrada de energía (dinero). Cada organización está conectada con una gran y diversa red, donde todo está en constante movimiento. Entran y salen personas, fluye el dinero, cascadas de información se esparcen en todas direcciones; es fascinante que la vitalidad de un sistema parezca estar directamente relacionada a esta característica de intercambio permanente. El panda gigante es una especie en peligro de extinción, sobre todo porque deben comer hasta 40 kilos al día de una sola clase de bambú, situación la cual aumenta muchísimo su vulnerabilidad. ¿Podría ser que las organizaciones que dependen por completo en un solo tipo de intercambio de energía, por ejemplo, subsidio gubernamental, sean también sumamente vulnerables?

Las partes de un sistema están al servicio de la totalidad

En el mundo de los sistemas vivos no existe un comportamiento ni bueno ni malo: cada quien y cada cosa parece estar programado para hacer lo que mejor sirva a la sobrevivencia. En ocasiones esto necesita de egoísmo, otras de altruismo y a veces hasta de auto-sacrificio. Estas son palabras que pierden sus significados conocidos. De alguna manera, todo contribuye y hacer juicios aquí no es ni apropiado ni útil. El conejo que muerde a sus retoños hasta matarlos cuando están en peligro, visto desde un todo mayor, no es menos funcional que los antílopes africanos que protegen a su cría de los leones formando un círculo alrededor de ellos.

¿Están las partes de una organización al servicio de la totalidad?

Cuando se crea un sistema organizacional, sobra decir que las partes están al servicio del todo y que su contribución es fácil y natural. Pero, con el paso del tiempo, las partes – las divisiones, departamentos, sucursales, equipos y funciones – de manera gradual se van atorando cada vez más en querer garantizar su propia supervivencia y empiezan a contribuir menos y menos al todo. Lo puedes ver en los departamentos de personal, sucursales locales de compañías grandes, el primer equipo de un club de fútbol y situaciones análogas. En ocasiones, las unidades más pequeñas, los empleados, parecieran estar completamente enfocados en su propia sobrevivencia.

Parece ser una característica única de los sistemas humanos que estamos en sistemas múltiples al mismo tiempo. Por naturaleza, esto causa tensión: ¿debería estar mi enfoque en la supervivencia de mi familia, mi barrio, mi país, mi área de trabajo, mi organización, mi club deportivo, mi iglesia o cualquiera otro de mis sistemas? Así es que, el cómo los humanos servimos al 'todo' mayor no es tan obvio.

El todo es más que la suma de sus partes

'La palabra comunidad se remonta a la palabra 'mei' del idioma indo-europeo que significa cambio o intercambio. Después 'mei' se combinó con 'workkom', que significa con. Y así surgió la palabra indo-europea kommein: intercambio con todos.'

(Peter Senge. La quinta disciplina – El arte y practica de la organización que aprende. 1990).

Las propiedades del todo son más que la suma de las propiedades de las partes. Asimismo, las partes pueden cambiar mientras el todo no cambia. Es común que una cascada o un rio se utilicen como ejemplo: ninguna gota se regresa, así, las partes están constantemente cambiando, siendo reemplazadas, pero reconoces la cascada. Aun cuando se reduce su fluyo o cuando está congelada, en una fotografía eres capaz de evocar a esa cascada en especial.

Una organización es más que la suma de sus partes

Seguramente, este es uno de los aspectos más cruciales de los sistemas organizacionales. Es muy poco probable que cada una de las personas alguna vez contratadas en una organización en particular, estuvieran todas trabajando al mismo tiempo, y aun así, la organización tiene su cultura, ambiente y apariencia que la caracterizan. Incluso cuando regresas a tu escuela antigua después de quince años y todos los maestros han cambiado, la reconoces. Se venden las partes, se producen fusiones, la gente entra y sale, cambian sitios, productos y servicios y, a pesar de ello, la compañía 'A' mantiene su carácter y personalidad y será reconocida como esa compañía. Si pretendes cambiar una cultura de una organización trayendo sangre nueva (ajena a ese sistema), ¿podrás lograrlo? En realidad, ¿cambia un sistema desde sus bases cuando se ha reemplazado a toda su gente?

Las partes manifiestan las propiedades del todo

Esto significa que sólo pueden entenderse las propiedades de las partes en el contexto del todo. Aun cuando ninguna hoja de árbol es similar, cada hoja de un árbol de haya es reconocible como una hoja de haya. Y a pesar de que dos árboles de haya no son iguales, cada árbol de esta especie se identifica como el de pertenecer a esa familia.

Las partes muestran las propiedades de la organización como un todo

Obviamente los empleados se apegan a los muchos rituales conocidos que tanto pertenecen a su compañía o a su área. El lenguaje, la vestimenta, la forma de caminar, los chistes, el volumen en el que uno habla, la distancia que las personas mantienen entre sí, algo del todo más grande se refleja en cada modo de expresión. Por ejemplo, puedes ver todos estos rasgos en un centro de convenciones, la manera en que la gente se acerca a la mesa asignada para su compañía. Observa los que apoyan en un partido de fútbol y verás que los individuos pertenecen a un todo mayor. El gritar, insultar y cantar son conductas que forman parte de un todo más grande. Es el tipo de comportamiento que esas mismas personas no mostrarían fácilmente en sus sistemas de trabajo. Cada vez que se hace un intento para cambiar la cultura de una organización, exclusivamente entrenando partes separadas, se está ignorando el carácter de la empresa. Una cultura donde las partes no sienten que le tienen que rendir cuentas al todo no cambiará sólo cambiando las partes, (por ejemplo, entrenando a algunos empleados a dar retroalimentación efectiva).

Los sistemas vivos se auto-regulan de manera natural

'Con frecuencia, del caos surge la vida, del orden hábitos.'

(Henry Brooks Adams. historiador estadounidense. 1838-1918)

Los sistemas vivos se auto-regulan de manera natural. Esta auto-regulación cuida al sistema respondiendo a cualquier cambio, sin perder el sentido de lo que es. El concepto emana de la ciencia de la fisiología, donde el término homeostasis quiere decir auto-regulación. Se refiere a la habilidad de los humanos y de los animales para mantener su ambiente interno, su propio cuerpo, con una temperatura relativamente estable y constante, mientras que el ambiente externo, donde vive el organismo está en cambio permanente. La homeostasis utiliza varios sistemas de control internos y lo mismo aplica para otros sistemas vivos.

La auto-regulación funciona protegiendo al todo. Mantiene vivo el equilibrio dinámico entre la conservación y el intercambio, y es la fuente de las señales y de los síntomas que el sistema muestra cuando se perturba ese equilibrio. La auto-regulación asegura que se encuentre un balance nuevo y viable entre la estabilidad y la inestabilidad y avisa cuando éste se encuentra en peligro.

Las organizaciones y la auto-regulación

La auto-regulación es la fuerza motriz detrás de la sobrevivencia. La propuesta sistémica se enfoca, en particular, en explorar esta auto-regulación. En ocasiones los empleados, los departamentos o las organizaciones muestran comportamientos difíciles, contradictorios y hasta destructivos. Suponiendo que la organización es un sistema vivo, enfocada en la supervivencia, pudiera ser que es la energía auto-reguladora la iniciadora de estos comportamientos – a favor del sistema como un todo.

Los sistemas vivos entienden el equilibrio dinámico entre la conservación y el intercambio

'En un cuerpo humano, constantemente se produce hueso nuevo por las células que crean el hueso, los osteoblastos. Al mismo tiempo, los osteoclastos degradan, reabsorben y remodelan el hueso. Entonces, el hueso es un tejido dinámico que constantemente se renueva. La mayoría de las enfermedades de los huesos son el resultado de un desorden en el equilibro entre la creación y la descomposición del hueso.'

(Dr Jojanneke Jukes: Universidad de Twente)

Un sistema vivo es como un móvil artístico. Cuando cambia algo, en algún lugar en el equilibrio del todo, enseguida todas las partes responden de manera automática. Cualquier sistema vivo necesita este intercambio con los sistemas que lo rodean tanto como necesita la estabilidad y la conservación de su identidad y de su individualidad. La mezcla correcta entre estos factores refuerza el carácter y la viabilidad del sistema.

El intercambio crea posibilidades para el cambio, el crecimiento y la adaptación. Si deja de haberlo, el sistema reducirá poco a poco su vitalidad hasta que eventualmente se muere. Sin embargo, un sistema enfocado demasiado en intercambiar y en adaptarse a otros sistemas, perderá su identidad y se 'fundirá' en ellos.

Las fuerzas de la conservación y de la estabilidad cuidan de lo que es vital al sistema. Si decrece la estabilidad, la balanza se va hacia la inestabilidad; el sistema se arriesga ya sea a desmoronarse o a ser absorbido en su totalidad por otro sistema. Un sistema enfocado demasiado en la preservación y estabilidad se rigidiza, protegido del mundo exterior y como resultado de ello, finalmente, pierde su derecho a continuar: se muere. Siempre está la eterna pregunta de qué equilibrio entre la conservación y el intercambio proporciona al sistema la vitalidad que necesita.

A lo largo de la historia, aquellas especies que no fueron capaces de adaptarse lo suficientemente rápido a los cambios de su medio ambiente se extinguieron. Si se reacciona demasiado deprisa, también puede crear problemas. La identidad, la individualidad y el acceso a una experiencia acumulada pudieran también acarrear riesgos. Los animales salvajes cuidados por humanos en ocasiones se adaptan demasiado bien que ya no pueden sobrevivir en su hábitat. No saben de los peligros o de las técnicas de supervivencia y su propia especie ya no los reconocen como 'uno de ellos'. Lo vemos con las ballenas orca quienes los humanos han salvado o utilizado.

Las organizaciones y la tensión dinámica entre la conservación y el crecimiento

Dos fuerzas reguladoras entran en acción en la creación y el desarrollo de los sistemas organizacionales. Una fuerza está enfocada en mantener la cohesión interna, cuidando de conservar su individualidad y su identidad, de acceso a la experiencia acumulada y de mantener las partes unidas. Con frecuencia esta fuerza está conectada al pasado, a las raíces, al origen y a las experiencias. La otra fuerza del sistema se enfoca en el intercambio. Causa renovación al crecer, podar y adaptarse y cuida la raison d'être de este sistema, en el momento actual y en el futuro, al tener una interacción permanente con el mundo exterior. Mientras que la energía de conservación y estabilidad logra que la organización se pare en sus dos pies, por así decirlo, y la conforma en una entidad reconocible, la energía de intercambio determina dónde y cómo encuentra de manera continua su propio lugar en el todo más grande.

En las organizaciones algunas funciones y algunos puestos están más conectadas con la conservación, otras con el intercambio. La administración de contabilidad trabaja con la tensión entre su labor, que viene incluido con su lugar en el sistema como un todo, para darle forma y que sirve de escenario para el encuentro de su propio sistema con los otros dando como resultado, el estar enfocados en la renovación y la adaptación al mundo exterior. Las unidades de producción, por ejemplo, están enfocadas en la preservación de la calidad y la continuidad utilizando de mejor manera las líneas de producción existentes. Por naturaleza están más conectadas con los procesos internos y la conservación. Con frecuencia a estos dos 'bandos se les dificulta reconocer el valor del otro y con facilidad entran en conflicto donde las 'fuerzas' de conservación son vistas como si estuvieran en un atolladero, mientras que las 'fuerzas' de renovación se ven como si apoyaran a una acción peligrosa que amenaza la continuidad del sistema.

En algunas organizaciones el conocimiento actual (la conservación) desaparece del sistema demasiado rápido, porque toda la atención está enfocada en lo nuevo (el crecimiento). Muchas organizaciones así obligaron a que se pensionaran sus empleados antes de tiempo (podar) para después tener que re-contratarlos porque tenían conocimiento que aún era crucial para el sistema: esto es un ejemplo de auto-regulación en acción, encontrando un nuevo equilibrio.

Entendiendo 'la conservación y el crecimiento'

La sensación inherente en estas dos fuerzas sistémicas, es más importante que su significado preciso. Bien, aquí están dos grupos de palabras que resuenan más con una o con la otra.

Preservación	**Intercambio**
Cohesión	Renovación
Enfoque interno	Flexibilidad
Estabilidad	Inestabilidad
Sentimiento de grupo	Enfoque hacia afuera
Previsibilidad	Cambiable
Continuidad	Fluctuación
Estructura	Adaptación
Cada quien una plaza y una tarea	Adoptando maneras y métodos nuevos
Racionalizando	Tomando riesgos
Consolidand	Reinventando la rueda
Rigidez	Haciendo nuevas conexiones
Burocracia	Desmoronándose
Aislamiento	Caos
No puede llevarse con el mundo exterior	Proliferación

El concepto de conservación parece encajar fácilmente con la naturaleza, y el crecimiento con la economía. ¿Cómo sería si viéramos la conservación económica y al crecimiento en el contexto de la naturaleza? Algunos partidos políticos, por ejemplo, pueden parecer estar más comprometidos con el crecimiento (de la prosperidad, de las compañías, de la economía) mientras otros con la conservación (del sistema del cuidado de la salud, el empleo, el medio ambiente). Con facilidad puede dar paso a malos entendidos y a una sensación de estar 'en contra' del otro. ¿Cómo sería si todos los partidos reconocieran el valor, al todo, de ambas fuerzas?

Una organización: un sistema vivo

Hemos visto que esencialmente las organizaciones son lo mismo que otros sistemas vivos. También funcionan a través del intercambio permanente, la auto-regulación y el equilibrio dinámico y viven anidadas dentro de un todo mayor. Sin embargo, una diferencia fundamental entre los sistemas organizacionales y otros sistemas vivos es que las organizaciones no necesariamente están enfocadas en la supervivencia. Lo que además es claramente evidente es que las partes están al servicio del todo de una forma diferente: porque las personas –después de todo son las que las habitan – son, al mismo tiempo, partes de múltiples sistemas y por lo tanto no pueden estar al completo servicio de uno solo. Cada persona pertenece a una familia –o a un sistema privado –y después a otros sistemas como su club deportivo, grupos de amistades, o su iglesias. Es probable que no exista un impulso automático para conectarse con todo el corazón de uno a un único sistema, pues hay múltiples sistemas y por lo tanto, múltiples maneras de conectarse y de sobrevivir. Para el sistema de la gente esta multiplicidad podría haber contribuido a la supervivencia de la especie, pero también tiene consecuencias para el grado de conexión individual y de devoción a cada sistema. Esto quiere decir que las organizaciones y sus poblaciones deben de manera consciente reconstruir este compromiso y devoción una y otra vez.

Ejemplos

- ○ ¿Qué tipo de equilibrio fortalece al todo?
- ○ El panda gigante: ¿un sistema que está llegando a su final?
- ○ La colmena como un sistema

¿Qué tipo de equilibrio fortalece al todo?

Imagina una función de Recursos Humanos. Es parte de la organización central, pero la mayoría del personal de RH trabaja en una de las oficinas de las cinco divisiones que se encuentran a lo largo del país. A los gerentes de las distintas divisiones les gusta esta configuración: cuentan con empleados profesionales disponibles que operan de manera flexible y saben con exactitud lo que 'su propia' división necesita. El director de RH no está tan feliz: hay una falta de consistencia en la toma de decisiones a lo largo de cada división. Lo que es práctica común en una división es completamente inaceptable en otra. Sus miembros no con facilidad se reemplazan unos a otros durante las vacaciones o por incapacidad; algo que pudieras esperar si todos trabajaran en un mismo lugar.

Los miembros del personal están contentos con su libertad, y disfrutan de la responsabilidad combinada con independencia y reconocimiento de su profesionalismo por sus divisiones 'individuales'. Pero carecen de un sentido de estar unidos con sus colegas: extrañan el intercambio diario, el ayudar y el apoyarse unos a otros. La pregunta es, ¿Cuál es el valor agregado de combinar a las cinco funciones divisionales de RH en un mismo lugar físico? En la actualidad, cada miembro del personal de RH se reporta directamente a su director divisional.

Este sistema de RH es muy abierto, enfocado en el máximo intercambio con el mundo exterior y tiene mucha energía innovadora. Es bastante probable que su enfoque externo sea tan grande que al final, se funda con el otro sistema, el

divisional. También está la pregunta de cuál sistema tiene prioridad: el sistema de RH – o el sistema divisional y cuál elección – por último –reforzaría al todo mayor, a la organización. Al personal de RH le gustaría mayor cohesión interna. Sin embargo, queda la pregunta… ¿Están preparados para pagar el precio? ¿Están dispuestos a perder algo de su libertad y flexibilidad, su centrarse en sus 'propias' divisiones?

El panda gigante: ¿un sistema que está llegando a su final?

El panda gigante es un descendiente de una orden de depredadores, pero ha evolucionado a ser herbívoro. Su alimento, casi en su totalidad, es una especie particular de bambú que florece de forma irregular (la frecuencia varia de tres a 150 años) y después se muere. En 1975, desaparecieron grandes áreas de los bosques chinos debido a la fragmentación del hábitat y de un desarrollo no sustentable, causando la muerte indirecta de más de 100 pandas. Aun cuando hubiese suficiente (de la clase correcta de) bambú, el panda todavía tiene un problema considerable: sus intestinos aún están adaptados a una dieta carnívora y entonces digiere el bambú con cierta dificultad. Para agravar la situación, esta planta tiene un contenido bajo de nutrientes y la mayoría de lo que consume se sale por el tracto intestinal sin haber sido digerido. Para poder sobrevivir, un panda necesita comer de nueve a catorce kilos de bambú diarios, a un kilo por hora.

El panda gigante es una especie en peligro de extinción. Una de las razones es que come sobre todo bambú, y su abastecimiento está decreciendo debido a varios motivos. Otra razón es que la reproducción del panda es difícil. La hembra es fértil sólo una vez al año – únicamente durante tres días. Es muy selectiva y fácilmente rechaza a una posible pareja. A pesar de que se crían en cautividad, el apareamiento es un proceso difícil y lento, también debido a que los machos tienen libidos débiles. Por lo tanto, reciben un tratamiento especial en los zoológicos: pornografía panda para estimular su deseo además de colocarles el alimento arriba de postes altos para fortalecer sus patas traseras. Este 'entrenamiento' es necesario para la hora del apareamiento real, porque les permite estar parados en sus patas traseras el tiempo suficiente para aparearse. Es frecuente que nazcan mellizos, pero es común que sólo uno sobreviva porque la madre sólo alimenta a uno. Los pandas recién nacidos son muy vulnerables: se quedan tres años con sus mamás, tiempo durante el cual ella ya no se aparea, haciendo que la reproducción, una vez más, sea limitada.

Generalmente a los pandas se les perciben como 'adorables' debido al estampado de su piel, sobre todo en sus rostros, y su apariencia suave. No es de sorprenderse de que el Fondo Mundial de la Fauna Silvestre (WWF, por sus siglas en inglés) haya elegido al panda como su mascota y su símbolo.

El panda y nosotros

¿Qué nos sucede cuando nos topamos con un (o cualquier) sistema en decadencia, que está casi al final de su vida y lo más probable debido a nuestra participación? ¿Qué es lo que realmente queremos salvar? ¿Nuestra necesidad de controlar? ¿Nuestro concepto personal de un mundo honesto, de posibilidades? ¿Pretendemos pagar nuestras deudas? ¿O queremos mantener todo como estaba cuando nacimos?

¿Por qué razón, cuando terminan algunos sistemas, decimos: "Afortunadamente, ya se terminó todo?" Sin embargo con otro final inminente hacemos hasta lo imposible para mantener vivo el sistema, aun cuando pudiera ya no tener significado o propósito. Fácilmente, nosotros los humanos nos erigimos como súper reguladores, protegiendo a uno y destruyendo al otro. Los animales con amenaza de extinción son apareados en los zoológicos, mientras queremos erradicar mosquitos portadores de malaria. ¿Podemos aceptar que las llaves para la preservación y el cambio no están en nuestras manos? ¿Podemos aprender a vernos a nosotros mismos como partes de un todo mayor?

O, ¿será que en nuestras propias cabezas, somos el todo mayor que le da a las otras partes sus lugares?

¿Qué le pasa a la gente cuando un sistema organizacional llega al fin de su tiempo? ¿Cómo reaccionan las sociedades, los clientes, los accionistas, los empleados, los sindicatos de los trabajadores, la administración, el personal de RH y las comunidades locales? ¿Cuál grupo se enfoca en la conservación, buscando maneras de cuidar a la organización, así como le hacemos para el panda en cautiverio? Imagina a un sistema que, por muchos motivos, ya no es viable. ¿Quiénes aceptarían más fácilmente el podar y que se seque, y quiénes ven al proceso de muerte como una oportunidad para que llegue a florecer algo diferente?

La colmena como un sistema

La colmena es un ejemplo impresionante de conservación y renovación sostenido en un equilibrio dinámico, logrado a través de la auto-regulación del sistema: convirtiéndose casi en una sola entidad la colmena y la colonia. Y puesto que está al servicio del todo, puede hasta costarles a los individuos sus vidas. Una abeja vive en una colmena, la cual puede verse como un sistema. A la cabeza están las obreras. De manera colectiva, son ellas quienes dirigen la colmena, no la reina. Ellas permiten y apoyan su presencia en la colmena. Ella disfruta de una existencia mimada porque la vida de la colmena depende de ella. Cuando la producción de huevos de la reina vieja empieza a disminuir, o produce mayor cantidad de huevos infértiles, las abejas trabajadoras comenzarán el proceso de crear una nueva reina. Primero construyen un número mayor de celdas más grandes conocidas como la celda real o 'realera'. De huevillos de uno a tres días, las obreras seleccionan al más bello y lo colocan en la realera. Desde el principio, a la larva de estos huevillos se les da tratamiento especial: más alimento, mejor comida y con más frecuencia. Se les nutre con jalea real la cual es segregada por las obreras. Es debido a esta alimentación que la reina llega a nacer. La reina vieja se irá como siete días antes de que la nueva reina emerja de su celda, acompañada por la mitad de la colmena, en un proceso que se le llama pulular. Si hay múltiples reinas 'nuevas' algunas también se irán pululando, pero en cierto tiempo, la reina virgen matará al resto de las larvas reinas. Ahora comienza su vuelo nupcial. Se eleva en el aire perseguida por los zánganos de su propio panal y de panales cerca y lejos, prestos a sacrificarse para el todo mayor. El primero que alcance a la reina la aparea en el aire. En el abrazo el zángano pierde su órgano genital, lo cual le causa la muerte. Otros zánganos también prueban su suerte. Cuando la han fertilizado hasta 15 zánganos, ella tiene suficientes células de esperma para el resto de su vida. Los zánganos que no tuvieron éxito regresan a sus panales. En agosto, las obreras los echan de la colmena. Cualquiera que trate de regresar o lo echan o lo matan. La matanza de los zánganos ocurre porque la colonia necesita toda la miel que tiene para invernar, una vez que a la reina virgen se le insemina, los zánganos no tienen ninguna otra función que sirva al panal como un todo.

La auto-regulación al servicio del todo

Una vez que la función del la parte sea innecesaria, el sistema se separa de esa parte (los zánganos). Cuando la función de una parte solo disminuye (la reina que se está envejeciendo y que debilita al todo), la auto-regulación asegura la conservación a través del proceso de crear un reina nueva.

Coherencia e intercambio

No existe ni un solo líder en el sistema de las abejas: consiste de aproximadamente 50,000 individuos que tienen una vida corta. Sí hay, de hecho, un orden estricto en el cual cada abeja tiene su lugar. Esto evita el caos y la anarquía y hace que el sistema sea tanto estable como flexible.

Para la preservación del todo, no es de utilidad si todas las abejas, cuya tarea es volar cada mañana para buscar comida, de hecho abandonen la colmena. Por lo tanto sólo las abejas exploradoras salen a buscar. Esto únicamente tiene sentido si, a su regreso, tienen formas de comunicarse con las demás. Transmiten la información importante que han recopilado a través de tres danzas: una diferente por cada tipo de alimento distinto que encontraron. De esta manera intercambian información acerca del olor, el sabor, la distancia y la dirección de la fuente de comida. Es así como la conservación del todo y tanto el intercambio interno como el externo están en un precioso equilibrio.

La auto-regulación y la vitalidad

A lo largo de los últimos años, la mortalidad entre las colmenas domesticadas de abejas ha aumentado de forma dramática y anormal. La pregunta es si los humanos han contribuido a perturbar la vitalidad de estos sistemas. No sólo cambiando el medio ambiente a través del uso de insecticidas, sino también al crear deliberadamente colmenas grandes con características que son favorables para los apicultores (los que cuidan las abejas) en lugar de las abejas. Características que incluyen una necesidad limitada para pulular, poca agresión y una alta producción de miel. El vuelo de los zánganos – donde el azar o una sabiduría más grande determina cuál de ellos fertiliza a la reina – con frecuencia es reemplazado por el apareo controlado, donde el hombre interviene para su propio beneficio. Es probable que hemos restringido la auto-regulación natural al intervenir demasiado, resultando en un sistema menos vital.

Lo que las organizaciones pueden aprender de las abejas

Para las abejas existe un tiempo para contribuir al todo y un tiempo para ser excedentes, tanto para la reina como para los zánganos.

¿Qué sucede con los empleados y los departamentos de una organización? ¿Cuándo puedes aún contribuir y cuando ya no es un lugar para ti? Y, ¿Cómo puede hacerse esto visible de forma regular? ¿Qué le pasa a una organización – como un todo – cuando se han ido ciertos departamentos, personal y funciones? ¿Qué le sucede a la vitalidad del sistema cuando este tipo de preguntas ya no puedan hacerse? Con frecuencia se les da voz cuando se planea la reducción de personal. Por ejemplo, cuando el mundo exterior, con dolor, hace ver que durante demasiado tiempo, la auto-regulación del sistema ha sido inefectiva, peligrosamente perturbando su equilibrio. Y si, después buscando, poco a poco, un nuevo equilibrio que por lo general, no sucede. En su lugar viene un evento grande, sísmico que lleva a un nuevo balance, pero uno que conlleva el riesgo de rigidizarse demasiado pronto, en vez de mantener su dinamismo.

A primera vista, pareciera no haber jerarquía entre las abejas. Pero cada abeja individual tiene una obligación hacia el todo y un lugar en el todo.

¿Cómo pudiéramos crear y dirigir algo similar dentro de un sistema organizacional? Es claro que parece necesario que cada parte esté consciente de que es parte de un algo mayor. La contribución de una parte solo puede entenderse dentro y desde el todo mayor; no a la inversa. Hay muchos ejemplos de organizaciones pequeñas, jóvenes, pobladas con profesionales altamente preparados que han empezado la vida de esta manera con gran éxito. En estas organizaciones nadie tiene un título, todos contribuyen al todo, y cada quien elige cual debería ser su sueldo, lo cual refleja cómo valora su contribución a la totalidad.

Los trabajadores notan que la vitalidad de su reina va decreciendo y, motivados por el interés de la colmena, actúan en consecuencia.

¿Quiénes son los primeros en ver que una organización está perdiendo fuerza? ¿Los que están dentro o fuera de ahí? ¿En los puestos altos o bajos? ¿Los recién llegados o los que ya tienen mucho tiempo?

El apareo controlado significa el determinar por adelantado las características que deseas en tu población.

¿No deberíamos estar felices de que nunca tendremos la certeza si uno que busca trabajo tiene las cualidades que 'necesitamos'? Quizá la fortaleza real yace en lo que desconocemos de esa persona.

Nuestro agradecimiento a Els Wittens, avicultor en la Asociación de Colmenas de Ede, Los Países Bajos.

Capítulo 2

La historia del enfoque sistémico

- Introducción
- Fenomenología sistémica
- Fenomenología: percepción sin juicios
- La terapia gestalt: el darse cuenta
- Conocimientos de los sistemas familiares
- Constelaciones familiares y organizacionales
- Otras influencias
- Resumen

Introducción

Con frecuencia se utilizan los términos pensamiento en sistemas, enfoque orientado hacia los sistemas, y sistémico, aunque son nociones mezcladas. En este capítulo discutimos cómo la propuesta sistémica evolucionó del pensamiento en sistemas, como lo describimos en el capítulo anterior. Comenzamos con el origen de la palabra sistémica, después detallamos los cambios e ideas y las disciplinas que alimentaron e influyeron en la propuesta sistémica. Puesto que es relativamente nuevo el trabajar sistémicamente con los procedimientos organizacionales, deberíamos esperar que su desarrollo se acelere en el futuro.

Fenomenología sistémica

Lo que denominamos el acercamiento sistémico es, por un lado, un método que surge del pensamiento en sistemas – como lo dijimos en el capitulo anterior- y por el otro, uno que tiene sus raíces en la fenomenología. Parece apropiado llamarlo la propuesta sistémica-fenomenológica, por lo general acortada a la propuesta sistémica. Utilizamos este término, conscientes que es la combinación precisa del conocimiento acerca de los sistemas vivos y el aprender de este fenómeno –como se revelan– que nos conduce hacia intuiciones y entendimientos completamente nuevos acerca de los sistemas.

Fenomenología: percepción sin juicios

La fenomenología es un método de la filosofía que quiere ver y entender a los fenómenos exactamente como se nos revelan. El fundador, Edmund Husserl (1859 – 1938), señaló que nuestra tendencia a racionalizar puede hacer que con facilidad pasemos por alto una fuente obvia de información: el mundo como aparece en frente de nosotros y lo que llegamos a saber a través de nuestra percepción intuitiva directa e indirecta de todo lo que se nos muestra. La fenomenología nos insta a ver el mundo sin emitir juicios, sin ninguna interpretación. La fenomenología añade nuestra percepción abierta e inmediata como una nueva fuente de conocimiento.
La propuesta sistémica se distingue por su actitud fenomenológica. Esto implica una buena disposición para hacer a un lado todo tu conocimiento acerca de las organizaciones y los sistemas y sólo mirar a lo que surge. Significa olvidar todo lo que has aprendido acerca de las conexiones y de satisfacer necesidades. Abstenerse de imponer un modelo al mundo pero, una y otra vez, sólo ver al mundo como es. Lo más que pudieras aportar son alguna

hipótesis cautelosas, traídas de experiencias previas y del conocimiento de los sistemas.

Una de las características de los sistemas vivos es que el todo está espejeado en las partes. Al mirar, sin prejuicio, a los fenómenos en una parte recibes información acerca del todo.

La terapia gestalt: el darse cuenta

La terapia gestalt empezó cuando Fritz Perls (1983 – 1970) tomó, como su punto de partida, la percepción en el aquí y ahora. Le llamó darse cuenta y este fenómeno – de registro inmediato de todas las percepciones – se desarrolló de ser algo al margen a ser el tema principal. En esta forma de terapia, tanto el cliente como el terapeuta son retados a registrar y nombrar lo que le pasa a cada uno en su contacto mutuo.

Cuando tanto la percepción fenomenológica como las sensaciones de uno están en el primer plano, el conocimiento aceptado acerca de los sistemas organizacionales puede ser enriquecido con conciencias hacia las maneras únicas en las cuales cualquier sistema vivo específico (la organización) está reaccionando.

Esta es una manera abierta de ser y corresponde con lo que C. Otto Scharmer describe en la Teoría U, como presenciando: viendo desde la fuente. En esta actitud absolutamente abierta no se trata de buscar algo, sino en notar lo que se muestra y aparece por sí solo.

Por lo tanto, la propuesta sistémica sugiere sobre todo en cual dirección mirar, para poder lograr una mejor comprensión de lo que está sucediendo en una organización. Y recuerda, cada organización es un sistema único, con una historia única, en un ambiente único.

Conocimientos de los sistemas familiares

El pensamiento de sistemas se ha aplicado con éxito a la terapia familiar y esto ha enriquecido nuestro conocimiento de cómo funcionan los sistemas humanos. La terapia contextual de Iván Böszörményi-Nagy (1920-2007) hizo una contribución importante al identificar cómo patrones recurrentes similares pueden aparecer en múltiples generaciones. El vio la lealtad inmensa, inconsciente de los hijos hacia sus padres y obtuvo insight en las formas que las personas de manera continua protegen y restablecen el equilibrio en tomar y dar. La terapeuta de sistemas Virginia Satir (1916-1988) fue una de las primeras en trabajar con toda una familia como su sistema de cliente. Ella buscaba fuerzas auto-curables e hizo que los miembros de la familia se dieran cuenta de las pautas repetitivas que persisten a través de las generaciones. También merece ser mencionado aquí, Salvador Minuchin: su terapia estructural familiar no se enfoca en quitar el síntoma, sino en cambiar la estructura de la familia, y así darle la oportunidad al síntoma de desaparecer. El nos hizo ver las jerarquías en los sistemas y distinguió varios sub-sistemas. Sigmund Freud y después Carl Jung fueron los primeros en reconocer el rol del inconsciente en dirigir el comportamiento humano. Muchos otros terapeutas, científicos y movimientos han influido, directa o indirectamente, las formas actuales de pensar y de trabajar con los sistemas familiares.

Nuevas visiones sobre los sistemas humanos, de diferentes fuentes, continúan encontrando un lugar en la propuesta sistémica para las organizaciones:
- o Los patrones recurrentes pueden atravesar generaciones.
- o Las personas obran en consecuencia con lealtades de las cuales no son conscientes.
- o Las personas tienen una sensación infalible respecto al equilibrio entre el tomar y el dar.
- o Entre más se refuerce el sistema como un todo, más los miembros individuales pueden resolver sus propios problemas.

- La estructura del sistema –dentro del cual se define quién pertenece a cuál sub-sistema, y cuál lugar está disponible para cada sub-sistema– es una influencia importante en la vitalidad del sistema.

Constelaciones familiares y organizacionales

Bert Hellinger fundó la propuesta sistémica-fenomenológica. Él conjuntó su conocimiento y experiencia de la fenomenología, la gestalt y la terapia de sistemas en el método que ahora conocemos como constelaciones familiares. Él elije a individuos, al azar, para representar a los miembros de la familia e invita a que sus clientes los coloquen en el salón en relación uno con el otro: esto hace posible ver a muchas generaciones al mismo tiempo. Él mira y siente en este campo, empleando todos sus sentidos y toda su consciencia, y se pregunta a sí mismo: ¿"Qué se está mostrando aquí? ¿Cuál pudiera ser el tema, el problema en este sistema?" Cuando se facilita una constelación, la propuesta fenomenológica y el utilizar una percepción directa están estrechamente conectados con el conocimiento de los sistemas (humanos).

El modus operandi de Hellinger fue abrazado por gente de muchas áreas, desarrollando acercamientos individuales al método de constelaciones y ampliando nuestro entendimiento de los sistemas humanos. En 1995 Hellinger configuró la primera constelación organizacional, en respuesta a una pregunta del psiquiatra alemán, Gunthard Weber. Hellinger inmediatamente vio el potencial de las constelaciones organizacionales pero, en aquel entonces, se sentía más cómodo con las constelaciones familiares. Así le pidió a Weber se encargara del desarrollo de las constelaciones organizacionales. Lo hizo, con gran energía y entusiasmo y comenzó a utilizar la palabra sistémico. El trabajo empezó a ganar reconocimiento en Alemania, donde Matthias Varga von Kibéd e Ilsa Sparrer hicieron aportaciones significativas a su desenvolvimiento.

Jan Jacob Stam llevó la propuesta sistémica-fenomenológica y constelaciones a Holanda y continúa desarrollando esta propuesta a través de talleres y cursos de entrenamiento alrededor del mundo y llevando a mentes y practicantes innovadores a los Países Bajos.

Otras influencias

La propuesta sistémica-fenomenológica para las organizaciones se convierte cada vez más en una disciplina en sí misma. Clarifica que el trabajar de manera sistémica no es exactamente lo mismo que el utilizar las constelaciones y que se pueden distinguir patrones recurrentes específicos a los sistemas organizacionales. Se beneficia esta disciplina de su diálogo con el campo del cambio y de la transformación. Líderes del pensamiento en este campo incluyen a Karl Weick, quien trajo a la vista los niveles irracionales de las organizaciones y Joseph Jaworski, Peter Senge, Arawana Hayashi et al, quienes constantemente buscan maneras y métodos para un profundo cambio colectivo.

Existe una simbiosis saludable entre este campo más grande de conocimiento y el know how y la metodología sistémica-fenomenológica, la cual lo enriquece y lo renueva.

Resumen

La propuesta sistémica tiene tres elementos precisos.

La fenomenología: percibir, sin emitir juicios, los fenómenos y las sensaciones según vayan surgiendo.

El conocimiento de los sistemas organizacionales: los patrones recurrentes o pautas repetitivas y las necesidades fundamentales.

La actitud del consultor: enfocado en reforzar la vitalidad del sistema.

En el siguiente capítulo hablaremos de las necesidades principales de los sistemas organizacionales, y después describiremos cómo aplicar este conocimiento como consultante y cuál es la actitud interna que te pide.

Capítulo 3

Los sistemas organizacionales

- Introducción
- Cinco necesidades fundamentales
- La auto-regulación
- El origen
- La historia
- La pertenencia
- El orden
- El equilibrio
- Los patrones recurrentes

Introducción

Hasta el momento hemos explorado las características de los sistemas vivos y el origen de la propuesta sistémica. Ahora miraremos más de cerca a los sistemas organizacionales y, de manera específica, lo que necesitan para mantener su vitalidad.

Distinguimos cinco necesidades fundamentales de los sistemas organizacionales. En la medida de que estas necesidades se satisfagan, se determina la vitalidad del sistema. Estas necesidades no son exclusivas de las organizaciones; existen en otros sistemas vivos como las familias. Pero aquí nos enfocamos en las organizaciones. Muchas de estas necesidades básicas se han hecho evidentes en el trabajo con constelaciones organizacionales. Pero estamos viendo que aparecen más y más cuando trabajamos directamente con las organizaciones, o partes de ellas, sin utilizar las constelaciones. Entonces, lo que describimos es nuestra propia experiencia, confirmado por muchos otros; no tiene su origen en la teoría científica. Sugerimos la propuesta sistémica como una hipótesis y te invitamos a que la explores cuando estés trabajando en una organización y surja algo que requiera de una atención en especial.

Primero describiremos las necesidades básicas, seguido por una exploración de cómo se auto-regula el sistema. Este capítulo termina mirando a pautas comunes repetitivas que pueden verse en una organización cuando una o más necesidades fundamentales no se satisfacen de manera adecuada.

Cinco necesidades fundamentales

Las organizaciones son potentes y están verdaderamente vivas cuando se satisfacen y se cubren cada una de las siguientes necesidades.
- o Al origen se le debe reconocer como el punto de partida.
- o El reconocimiento de la historia es la base para el presente.
- o Todo lo que pertenece tiene el derecho de ser parte.
- o En el orden del todo cada parte tienen su propio lugar.
- o Existe un equilibrio justo entre el tomar y el dar.

Al origen se le debe reconocer como el punto de partida

Una organización siempre tiene un inicio. Este inicio es el fundamento donde todo lo demás se construye, aun cuando posteriormente se le agreguen otras bases. El origen está conectado con las primeras razones por el que llegó a existir. Los sistemas organizacionales, diferente de otros sistemas vivos, no sólo están enfocados en la supervivencia. Las organizaciones y sus partes (como departamentos y divisiones) ganan vitalidad al darle reconocimiento a su raison d'être inicial. Es este origen, en su contexto específico que hizo a la organización lo que es hoy. Por eso es importante, de alguna manera, que siempre haya reconocimiento en una organización para cómo inició y para aquéllos que la iniciaron: los fundadores. ¿Cuál fue el motivo para haberla fundado? ¿Qué intención o deseo estaba detrás de la decisión? ¿Qué pregunta, necesidad, requisito se suplió a través de crear la organización? ¿Cuáles fueron los valores que motivó a sus creadores? ¿A quién o a qué empezó proporcionando productos o servicios? Cuando comienzas a profundizar acerca del origen de una organización, las respuestas te conducen a sus raíces. Al ser testigo de esto y al ver su valor, aunque ésta ha cambiado su dirección, la alimenta y le añade vitalidad en el presente.

Es debido a este origen en particular que este sistema en particular existe ahora, y que todo lo que tenga que ver con este sistema es que hace que sea como es.

El reconocimiento de la historia es la base para el presente

Una segunda necesidad fundamenta es de que la historia, toda ella, sea 'vista' completamente y aceptada como parte real de la organización. Esto significa que nada que sucedió durante la vida de la organización puede ignorarse, esconderse o minimizarse.

¿Qué fue lo que ocurrió mientras la organización crecía? Por ejemplo, ¿hay arañazos en su alma porque personas, departamentos o hasta productos han desaparecido sin que se reconocieran su contribución? ¿Ha permanecido la organización fiel a sus valores originales? ¿Qué fue lo que perdió en el camino, qué añadió? ¿Las ganancias correspondieron con las intenciones y valores iniciales o al contrario, encajan pobremente en el sistema?

Lo que haya sucedido, sucedió: lo bueno y lo malo juntos han hecho a la organización lo que es hoy; todo pertenece con la organización.

Todo lo que pertenece tiene el derecho de ser parte

La tercera necesidad básica es que todo lo que sea parte de la organización tiene el derecho de ser visible y de ser considerado. Grande o pequeño, importante o sin importancia, todas las partes que conforman la organización como un todo completo deben ser vistas. Pudiera ser que esto es tan importante porque los elementos individuales pueden pertenecer a muchos (sub) sistemas diferentes al mismo tiempo. Cuando no se ve una parte, la cohesión, la estabilidad interna del sistema se disminuye.

¿Podemos ver todo y a todos los que actualmente pertenece al sistema? ¿Existen elementos, valores, personas, funciones o departamentos que se ignoran, a pesar de que sí pertenecen? Por ejemplo, ¿aún pertenecen los empleados que han estado incapacitados durante mucho tiempo? ¿O los practicantes? ¿O el departamento que ya no existirá de aquí a un año? O la nueva filial, la que por el momento tiene un personal reducido, ¿pertenece a la organización? ¿Han recibido todos los nuevos elementos el reconocimiento y el lugar que merecen?

En el orden del todo cada parte tiene su propio lugar

Una organización no solo es un ensamblaje de partes sueltas, en cualquier orden. Todo debe tener su lugar propio, adecuado; este es la siguiente necesidad fundamental.

¿Cuál es la calidad y la naturaleza de la cohesión interna entre las funciones, los equipos y los productos? ¿Tiene todo y todos los que están, un lugar, uno que les permita aportar adecuadamente al sistema completo? ¿Está el lugar de cada uno dentro del orden claro? ¿Hay lugares o puestos, elementos que falten? ¿Tienen algunos puestos más de un ocupante? ¿Toman algunos mucho espacio o muy poco? ¿Está cada quien en su propio lugar?

¿O en el de alguien más? ¿Les decimos adiós de manera adecuada a cosas que ya no tienen un lugar?

En muchos otros sistemas vivos, entiendes de inmediato quien es el líder. En los sistemas organizacionales es tan necesario que esto sea claro, pero aun cuando tengamos un organigrama que nos lo indique, a pesar de eso puede haber dudas acerca del orden exacto, correcto.

Existe un equilibrio justo entre el tomar y el dar

Cuando hay un equilibrio entre el tomar y el dar, entre los diferentes departamentos dentro de una organización y con la organización y el mundo exterior, la organización es sólida y flexible. ¿Hay un equilibrio en lo que los diferentes oficiales, equipos y departamentos toman de y le dan a la organización?

¿Cómo va el intercambio entre los clientes que compran productos o servicios o los que compran consejos y soluciones, los pacientes y la organización? ¿Qué es lo que se recompensa? ¿Cómo se aborda y maneja el desequilibrio? ¿Los empleados se enferman, producen resultados de pobre calidad o abandonan su trabajo? ¿Engañan o comenten fraudes? ¿Hay personas que dan demasiado? ¿Existen los que sienten el impulso de robarse algo, para restablecer el equilibrio?

Se palpa un balance saludable. Alrededor del punto pivote del equilibrio encuentras vivacidad, satisfacción, creatividad; sin resentimiento ni envidia. Un equilibrio saludable refleja un balance entre la retención y el intercambio.

Contrario a la expresión común de dar y tomar, revertimos el orden. La vida comienza con tomar y sólo después de hacerlo puedes empezar a dar. Aceptas un trabajo, una función; la organización te acepta a ti, el candidato. Entonces el intercambio entre el tomar y el dar comienza.

Para sintetizar: la organización es más poderosa y vital cuando estas cinco necesidades fundamentales se satisfacen completamente.

Sólo entonces tanto la cohesión como el intercambio son posibles. El ignorar una o más de estas necesidades disminuye la energía y la flexibilidad y se hace imposible enfrentar las circunstancias que van evolucionando y los nuevos retos. Es así como inicia la auto-regulación, el sistema se provee a sí mismo con lo que necesita y se hacen visibles los síntomas de esta respuesta. El identificar las causas detrás de los síntomas es la base de la propuesta sistémica.

La auto-regulación

'La confusión es una palabra que hemos inventado para un orden que aun no se entiende.'

(Henry Miller. Autor estadounidense. 1891-1980)

La habilidad auto-reguladora de un sistema vivo asegura que ocurran reacciones si hay una alteración que amenaza su vitalidad. Todos estamos familiarizados de cómo comenzamos a sudar cuando hace mucho calor. Esta reacción (sudar) es tanto una señal de alarma como una respuesta de recuperación. La señal es: pon atención al calor. La recuperación es que el sudar te refresca a ti. También en las organizaciones acontece esta auto-regulación, acompañada de la señal y de la recuperación. Sin embargo, esta capacidad de auto-regularse puede tener una gran influencia en el comportamiento humano dentro de la organización y no siempre se está consciente de ello. De hecho, en general, no tienen ninguna idea que el sistema los está 'usando' y que, de una u otra manera, están trabajando para el beneficio del todo mayor. Así como las glándulas sudoríparas no saben que están siendo utilizadas por y para el sistema humano, o los elefantes no saben que al proteger a sus bebés también están sirviendo a la supervivencia del grupo. Las partes son dirigidas por el todo. Estas reacciones de señal y recuperación son respuestas automáticas al sistema que se está saliendo de equilibrio y está perdiendo fuerza debido a que una o más de las cinco necesidades no se están satisfaciendo de manera apropiada.

La capacidad de un sistema para auto-regularse está basado en el uso discreto de las partes del mismo. La población, los equipos, las funciones u otras partes del todo pueden inconscientemente mostrar comportamiento que consideramos problemático, pero que podemos aprender a ver que está subrayando algo crucial a la vida del sistema, algo que necesita atención.

Le denominamos a esto lealtad inconsciente. La propuesta sistémica trata de entender, de forma precisa, a qué le son leales las personas; busca qué está tratando de reequilibrar esta auto-regulación. Esta manera de mirar puede abrir nuevas perspectivas, sobre todo cuando comportamientos específicos son difíciles de explicar. Enfoca la atención de uno en las cinco necesidades básicas a través de esta pregunta: ¿hay algo que está equivocado o que falta, al cual este comportamiento específico está intentando dirigir la atención?

Lealtad inconsciente

Cuando se despide a un líder sin ninguna explicación, inconscientemente su equipo le puede seguir siendo leal. Esto significa que no le dan al recién llegado ninguna oportunidad. Cuando miras esto de manera sistémica, estos empleados están haciendo una aportación positiva. Todo el tiempo que el equipo está rechazando al recién llegado, el sistema está pidiendo atención para la segunda necesidad fundamental: el reconocimiento de su historia. En este caso en particular, la apreciación de la aportación del líder anterior, aun cuando hubiese habido una buena razón para despedirlo. Si se honra la contribución, el equipo está libre de aceptar al nuevo líder y el sistema se puede tranquilizar. Entonces el síntoma hizo su trabajo: lo que estaba sistémicamente equivocado y lo hacía débil, ha sido reparado.

El origen

Al origen se le debe ver como el punto de partida.

El origen de todas las cosas es pequeño

Omnia rerum parva sunt

(Marco Tulio Cicerón. 106 – 43 A.C.)

o   La razón para llegar a existir, a ser
o   Los principios rectores en una organización
o   Preguntas para explorar el origen

La razón para llegar a existir, a ser

Un sistema vivo que ya no sabe de dónde se origina es, en el mejor de los casos, un caballero andante. Se siente algo noble por dentro, pero está sin dirección.

Cuando la organización pierde de vista su origen, esto tiene consecuencias para la vitalidad del todo. La gente se conecta con una organización. Y esto es más que la función, la misión y las personas presentes. La organización tiene un origen y muchos vínculos, en el cual cualquier empleado, si bien temporalmente, es uno de ellos. ¿Dónde perteneces si no hay atención al propósito original, deseo, al grupo objetivo o a la razón para llegar a existir? ¿En cuál cadena eres entonces tú un eslabón, un enlace?

El origen incluye varios aspectos como la causa inmediata, los motivos, el anhelo, el ideal. Alguien fue instrumental en colocar los cimientos sobre los cuales podía crecer la organización. Algo fue la razón para llegar a existir. Algo le dio nacimiento a una chispa que se convirtió en una llama. A lo que aún no existía se le dio forma y substancia.

El prestar atención a estos factores, en lugar de darlos por un hecho, ubica a la realidad actual a la par de la realidad original. Al hacerlo así, puede de pronto, restablecerse la conexión; se siente otra vez algo de la pasión antigua y se nutren de nuevo la organización actual y sus metas. En ocasiones, las razones detrás de ciertos comportamientos o elecciones – el por qué las cosas son como son – pueden llegar a ser perfectamente claras. A un nivel inconsciente, ciertos elementos del sistema permanecen leales a la necesidad básica, la cual, en el momento presente, no está siendo vista y honrada lo suficiente por toda la organización.

Atender al origen va muy bien junto con la renovación y el cambio de dirección. Este pedir atención es una súplica para conocer y honrar las raíces de la organización y posteriormente, ya sea para continuar en la misma dirección o para cambiar rumbos de manera adecuada. Sin un reconocimiento adecuado no puede haber una separación, un adiós. Sin el fundador y la raison d'être original, esta organización no existiría. Si, en un principio, la organización no hubiese tenido una razón para ser, no podría existir ahora. Esta es una verdad esencial y, de una u otra manera, esto siempre es evidente, no importa cuantas décadas y fusiones después. Es valioso.

Al verlo, al escuchar cómo resuena y al reconocer su valor, puede estar presente de manera que apoya. Lo que recibe atención ya no tiene que gritar para obtenerla.

El desarrollo desde el origen

En una firma grande, desde el principio, el Departamento de Entrenamiento, Educación y Desarrollo Organizacional ofrecía programas de entrenamiento al personal. Para ello se requería que el departamento conociera las necesidades del personal y les ofreciera programas de acuerdo con esas necesidades.

Muchos años después, el departamento se ha agrandado a tres equipos según las tres tareas de Entrenamiento, Educación y Desarrollo Organizacional. Sin embargo, dentro de la firma, casi todos se refieren a los tres como 'educación'. Los consultores, a quienes se les ha encomendado con el cambio de programas, tienen dificultad en encontrar su lugar. Para los consultores que tienen que ver con el Equipo de Desarrollo Organizacional es difícil que continuamente los asocien con 'educación'. Es obvio que hay programas muy estructurados, no sólo para los cursos de entrenamiento y los programas educativos, sino también para juntas sobre reflexión, estrategia y trabajo de equipo, los cuales el consultor debe facilitar. Todo, desde la planeación de una sesión hasta llegar a las metas, los medios y los métodos, está claramente establecido. Todo esto ocurre como resultado de la lealtad de los consultores al origen aun cuando quieran liberarse de ella. ¿Cómo podría estar posicionado un equipo así? Aquí un intento: "Éramos Educadores, por eso fuimos capaces de ver a través de la organización completa y de tener una muy buena idea acerca de lo que estaba sucediendo. Como educadores estábamos acostumbrados a pensar y a trabajar con planes de enseñanza meticulosamente diseñados y con gusto aceptábamos responsabilidad por el desarrollo personal de cada uno de los empleados. Ahora nos hemos convertido en consultores – con un entendimiento excelente de toda la organización y lo que pasa en ella – y somos los que les ayudamos a ustedes a diseñar un plan paso por paso del crecimiento de su organización.

Imagínate a este equipo diciendo: Esto es lo que somos ahora. La organización respondería con un Pero ustedes eran educadores. Esta percepción los mantiene atrapados en sus ropas viejas hasta que el origen reciba un reconocimiento adecuado.

Conexión con la razón de ser

Albert Heijn, un comerciante muy conocido holandés, transformó a la compañía que su abuelo había fundado en un éxito global. Durante los cuarenta años que condujo al grupo, él hizo crecer su valor de 14 millones de euros a 8 billones de euros.

Siempre se hacía la pregunta "¿Por qué debemos hacer esto?" El encontrar la respuesta a esa pregunta estaba relacionado con la razón de existir de la cadena de supermercados que lleva su nombre. Él tenía una simple misión: mejorar la vida de la ama de casa. Esta fue su directriz para cada decisión que tomaba. Para su despedida le donó a la compañía una estatua de una mujer cargando dos bolsas de mercad. Era su propia respuesta a su pregunta inicial: ¿Por qué? En la inscripción se lee 'Para que no se nos olvide para quién trabajamos'.

Después de la fusión

Una corporación de viviendas, el producto de muchas fusiones, está consciente del hecho de que todos sus predecesores tenían su foco puesto en viviendas accesibles para personas con sueldos bajos. Algunas de estas organizaciones ya habían existido durante más de 100 años, en ocasiones creadas por una iglesia, o por compromiso político, o habían tenido otro origen. Es respetuoso quedarse quieto por un momento y acoger estos hechos. Y, al así hacerlo, dar un impulso adicional a la política actual que, quizás ahora de manera diferente, aún está enfocada en viviendas accesibles para personas con sueldos bajos. El tener la consciencia, como un empleado, que estás frente una larga cadena llegando hasta las raíces de la organización le da fortaleza creativa a las obligaciones de uno.

Los principios rectores en una organización

Para cada organización hubo un momento en particular para llegar a existir. Había necesidades en el mundo exterior y la organización, de alguna manera, podía satisfacerlas. Si no lo hubiera hecho así, hace mucho tiempo que se hubiera extinguido. Es así de sencillo. De una u otra forma esta razón-por-existir guía cómo actúan las personas dentro de la organización. Con frecuencia esto sucede de manera inconsciente. Le llamamos a este mecanismo el principio rector. Le da fuerza y dirección. Es algo por completo diferente a la visión y la misión. Éstas están ideadas y formuladas para dirigir la organización. Los principios rectores existen simplemente porque fueron incorporados en la base de un sistema vivo.

¿Para qué estamos aquí?

Era costumbre que la policía holandesa asumiera algunas tareas básicas, como atender incidentes, localizar criminales, llevar a cabo vigilancia. Como principio rector le podríamos llamar a esto 'hacer respetar, hacer cumplir'. Poco a poco, se añadieron más metas y tareas, por ejemplo, esas enfocadas en la prevención. Digamos que ver que se cumplan las leyes y la prevención son los dos principios rectores de la policía – esta es una simplificación excesiva, pero ayuda para explicar – a continuación esto pide precisión acerca de cuál principio es primero. Antes de que te des cuenta, una lucha entre los principios pudiera surgir, donde alguna parte de la organización es leal a un principio y otra parte al otro, hasta que la organización se siente forzada a clarificar su razón actual para existir y cómo encajan los principios rectores con ella. No ser claro acerca de cuál es el primer principio rector puede manifestarse de muchas formas distintas. Por ejemplo, sintiendo estrés alrededor de decisiones acerca del presupuesto y la asignación de recursos, pero también en la pregunta de cómo presentarse uno mismo al mundo exterior. ¿Es el policía tu mejor amigo? ¿O erosiona esto al principio de ver que se cumpla la ley? Si es así, entonces el sistema reaccionará llevando la atención a cualquiera de los principios rectores que no tiene su propio y certero lugar.

La mayoría del tiempo hay varios principios rectores vigentes en una organización. Desde luego este es el caso en organizaciones más grandes, más complejas que son el resultado de fusiones o adquisiciones. Con frecuencia puedes ver que partes de dichas organizaciones prefieren uno de los principios rectores, dando como resultado conflictos entre las partes de la organización, derivado de su lealtad a principios diferentes. Un ejemplo: en un hospital universitario hay cuando menos tres principios rectores: entrenamiento, investigación y cuidado de los pacientes. La tensión entre el entrenamiento y el cuidado una vez se expresó como: "¿Cuántas muertes aceptamos con el fin de entrenar a un doctor?"

Por ejemplo, si en ventas, surge una discusión acerca de qué es exactamente lo más importante ser, entonces es de ayuda si el que está en el liderazgo clarifica eso y – en caso de que haya más de un principio rector – cual es primero. Finalmente, en ocasiones puedes sentir la tensión en el nivel funcional. Una función común, en muchas compañías de transporte público, es esa de servicio y seguridad. ¿Tiene prioridad la seguridad sobre el servicio, o es de la otra manera? ¿Y qué pasa cuando un miembro del personal lo decide él sólo? ¿Y cuál es el efecto en el reclutamiento y la selección? ¿Necesitan las personas tener una actitud amistosa y abierta o ser autoritarios? Una compañía que quiera proporcionar un transporte amistoso, seguro y económico necesita clarificar cuál ocurre primero, segundo y tercero.

Preguntas para explorar el origen

o   ¿Quiénes fueron los fundadores? ¿Qué lugar tienen?
o   ¿Quién tomó la iniciativa?
o   ¿Cuál era el deseo, el ideal y la inspiración?
o   ¿Cuál fue el primer principio rector?
o   ¿Quién más hizo posible que empezaran?
o   ¿Cuál fue la fecha de lanzamiento?
o   ¿Quién fue el primero que le dio a la organización algo de dónde afianzarse?
o   ¿Quiénes fueron los primeros clientes que compraron tus productos o servicios?
o   ¿Cuáles fueron los primeros productos?
o   ¿De dónde salieron los primeros fondos?
o   ¿Cuál fue la primera estructura de la organización?
o   ¿Cuánto fue el costo de inicio? ¿Y, quién lo pagó

La historia

El reconocimiento de la historia constituye la base para el presente.

'Si no conoces tu historia, no tienes futuro.'

(Herman Tjeenk Willink. Vice-presidente del Consejo de Estado de los Países Bajos)

- La puerta hacia el futuro se abre por medio del pasado
- Eventos notables
- Reconocimiento de lo que vino antes
- Preguntas para explorar la historia

La puerta hacia el futuro se abre por medio del pasado

'El pasado no está detrás de nosotros, como pudiéramos creerlo, sino enfrente. La sombra de lo que fue, se proyecta ante nosotros: lo que murió aún está existiendo y nos precede.'

(Henry Bataille. dramaturgo y poeta francés. 1872 – 1922)

Mucho ha sucedido desde el arranque. Lo que sea que haya ocurrido desde entonces ha ayudado a hacer a la organización lo que ahora es. Sin la historia, el ir y venir de la gente, los equipos, los productos y los grupos objetivo, la actual organización sería diferente. Le da poderío al sistema cuando las aportaciones de todos son vistas y todo es visto; entonces el pasado puede de forma callada apoyar en vez de reclamar a gritos atención.

¿Conoces esos vestíbulos donde la puerta que está frente a ti no se abre hasta que la puerta de atrás se cierra? Una solución ingeniosa que asegura que los ocupantes no estén mucho en la corriente. Sin embargo, no tan conveniente para un visitante confiado que quiere entrar rápidamente. Antes de fijarte en el sistema te tropiezas con la puerta que aún está cerrada. Como normalmente están hechas de vidrio, miras hacia donde quieres ir; de manera visual ya estás adentro.
El cambio organizacional es como estar en un vestíbulo así. No puedes comenzar con lo nuevo antes de en verdad terminar con lo que está detrás de ti. La puerta al futuro se abre sólo cuando la puerta al pasado se ha cerrado. Si crees que puedes cerrar de golpe la puerta al pasado, entonces estás cometiendo un error. El pasado quiere ser visto y que se le dé su verdadero valor. De una u otra forma, funciona con ésta y cualquiera otra necesidad sistémica fundamental, asegurando que continúen haciéndose visibles hasta que obtienen la atención que requieren.
"¡Estamos cansados de mencionar viejos temas una y otra

vez!" es con frecuencia el anhelo del agente de cambio. Él quiere ir hacia adelante. Pero al parecer, ahí – en la historia vieja – hay algo esencial que no ha sido escuchado ni reconocido (o no lo suficiente). Por lo general, el deseo de las viejas historias es sólo asegurarse que el mensaje que se encuentra ahí se entienda. Una vez que ha sucedido, el episodio puede reabsorberse en la historia.

Esto no quiere decir que todo tiene que quedarse como está. Si el pasado obtiene su lugar y su honor, en verdad se abre a la posibilidad de ir hacia adelante. Entonces el pasado le da fortaleza y fundamento al presente, para que cada uno y cada cosa puedan enfocarse sobre el futuro.

Eventos notables

La organización, como un sistema, requiere estar consciente de su historia. Esto no significa que todas las personas que trabajaron para una compañía durante los últimos cien años necesitan ser vistas y honradas individualmente. Tampoco quiere decir que todos los cambios en los departamentos y todas las funciones deban recordarse siempre. Como cualquier otro sistema vivo hay eventos que tienen una conexión con la esencia de la organización, eventos importantes que fueron los peldaños para el presente.

Por ejemplo, hacer el cambio hacia una organización basada en proyectos tiene un efecto de dónde pertenece la gente y también en el orden de los lugares en la organización. Así es que podemos ver que cuando menos dos de las cinco necesidades fundamentales están involucradas. Esto, por supuesto, hace que el cambio sea un evento significativo. Las personas pudieran recordarlo en términos de 'antes' y 'después'. Generalmente hay ciertos eventos notables. "¿Sucedió esto antes o después del director nuevo?" "¿ Ese evento fue antes o después de la fusión, la división, el accidente?"

Son los tipos de eventos que enseñaron algo a la organización como sistema vivo. Están anclados en su memoria.

¡No nos pedimos cuentas!

Existe este departamento que trabaja con este código: "No nos pedimos cuentas uno a otro." Sin embargo, todos sienten y dicen que es impráctico no hacerlo. Y así, se dirigen entre ellos de manera indirecta, a través de supuestas bromas o chismes. Ahora, recordando el pasado, se puede atribuir la causa a un evento singular: en una ocasión hubo una reunión donde todos dejaron escapar todo lo que pensaban y sentían acerca de sus colegas. Esto dañó de forma irreparable antiguas amistades: algunos pidieron incapacidad, y uno pidió que lo transfirieran. A pesar de que sólo uno o dos del personal actual habían participado en esa sesión, inconscientemente el pasado, estaba haciendo de las suyas. Aquí, la intervención que ayuda es de mirar a la reunión y reconocer el hecho que vino con un precio alto.

Si se trae a la consciencia el pasado inconsciente, hasta puede reforzar al presente. Ha comenzado este departamento a dar retroalimentación positiva a cada uno y – a través de aprender del pasado – proporciona más retroalimentación sólo si lo piden y preferentemente, en forma de diálogo. Después, el equipo buscará un siguiente buen paso para fortalecer la cooperación y promover el comportamiento profesional.

La fusión

Hay dos centros importantes de especialización. Las autoridades ven lógico que una pequeña parte de un centro se convierta en parte del otro. El explicárselo a las personas involucradas parece ser fácil y que todo marcha bien – tal vez porque son científicos, comprometidos, sobre todo, en sus propias especialidades, gente racional que piensan de manera analítica. Por fin, como quince personas se cambian de un centro al otro, el cual se encuentra ubicado en otro pueblo.

No todo se cambia con ellos: dejan a sus colegas antiguos, tareas antiguas, el edificio viejo y toda la historia atrás. El nuevo director decide que la primera reunión de trabajo en la nueva estructura se lleve a cabo en el edificio viejo. Quizás sólo porque los colegas de la nueva ubicación están en el antiguo lugar de trabajo, muestran atención y desarrollan un entendimiento de los antecedentes de sus colegas de la ubicación antigua. Sus nuevos compañeros de trabajo orgullosamente les muestran su antiguo lugar de trabajo, las herramientas y el equipo que dejaron atrás, a los colegas que se quedaron. Durante el recorrido, les dicen acerca de su orgullo en las raíces de su institución antigua. Después de la reunión de trabajo se sienten vistos, no sólo por lo que son como personas y empleados, sino también en sus historias. Pudieron mostrar lo que se llevaron con ellos y lo que dejaron atrás. A su vez, esto abrió el espacio para que se interesaran en el origen del nuevo centro al cual ahora pertenecían. De esta forma, la historia personal de los recién llegados puede verse y respetarse, permitiéndoles dar apoyo sin siempre estar llamando la atención a través de frases como: "Pero, en nuestro otro lugar esto (o aquello) era mucho mejor."

Reconocimiento de lo que vino antes

No sólo pertenecen al sistema el origen y los eventos extraordinarios. Todos los que han contribuido deben ser vistos como perteneciendo al sistema. El nuevo director general, quien expresa su agradecimiento a las aportaciones a la compañía del jefe de soporte en servicios técnicos con sus 28 años de servicio, y al portero con sus dos años de servicio, da reconocimiento a lo que estuvo ahí antes. Aun cuando ella tiene una jerarquía mucho más alta, el día que entró a la compañía tiene el menos tiempo de servicio. En cuanto a eso, debe darse cuenta que es la más joven y al mismo tiempo, como la jefa, sencillamente cumplir con sus obligaciones.

Si cualquier líder nuevo empieza explicando su visión acerca de, en sus ojos, los cambios muy necesarios, hablando de manera sistémica, él comienza con el pie izquierdo. Si bien lo contrataron precisamente debido a su visión de la naturaleza y la dirección del cambio necesario, él hace suficiente justicia al todo al mencionar de manera adecuada y correcta la importancia de lo que se ha hecho hasta el momento. Posteriormente, también puede decir, de forma clara y respetuosa, que esto no significa que en el futuro todo puede quedarse como está. Pudieran ocurrir medidas dolorosas como el despido de personal, la eliminación de departamentos o la venta de bienes. El sistema y las personas dentro de él, infaliblemente perciben si reciben un reconocimiento auténtico o no, si sólo fueron despedidos o si les agradecieron honestamente su aportación.

Preguntas para explorar la historia

o   ¿Hubo eventos claves, cambios estructurales, despedidas?
o   ¿Hubo metas, productos, departamentos o funciones que fueron descartados?
o   ¿Se añadieron nuevas metas, productos, sucursales?
o   ¿Se quedaron los primeros consumidores de sus productos? ¿Se entraron a nuevos mercados?
o   ¿Qué le sucedió a los primeros clientes?
o   ¿Hubo productos / servicios que fueron perjudiciales y causaron accidentes?
o   ¿Quién se fue? ¿Fue de manera silenciosa, o en conflicto, o con una despedida adecuada?
o   ¿Hubo flujos de dinero que se secaron? ¿Se añadieron nuevos flujos?
o   ¿Qué se perdió debido a una falta de cuidado?
o   ¿Se cometió injusticia en el pasado? ¿Dónde? ¿A quién?
o   ¿Quién o qué no se ve y honra lo suficiente?
o   ¿Qué sigue regresando?

La pertenencia

Había una vez, en un país lejano, un rey y una reina que ansiaban tener un bebé. Pasaron muchos años, y por fin, nació una bella hija. ¡Eran tan felices! Querían celebrar con todos los que conocían, invitaron a todas sus amistades y a sus parientes a un grandioso banquete y también, por supuesto, a las hadas del reino.

Era la costumbre que cada hada madrina le concediera un deseo. La reina quería honrarlas sirviéndoles en un plato de oro. Sin embargo, sólo tenía doce platos de oro, aunque había trece hadas madrinas. Decidió que no invitaría a la que vivía en la parte más lejana del reino: era muy probable que las noticias del nacimiento de la princesa no viajarían tan lejos.

El día de la gran fiesta llegó. Cuando le llegó su turno, una por una de las hadas le concedió a la princesa un deseo. Cada una le prometió cosas aun más bellas que la anterior. Justo en el momento que la onceava hada hablaba del gran deseo que le concedería, la treceava irrumpió en la sala. Estaba furiosa. Antes de que alguien pudiera detenerla, voló a la cuna donde estaba la princesa y dijo: ¡"Cuando cumpla quince años, al estar cosiendo, se lastimará con la aguja y morirá"! Presurosa salió del palacio, dejando al rey, la reina y a todos los invitados en estado de shock.

Vacilante, la doceava hada habló con dulzura: "No puedo deshacer el hechizo lanzado por la otra hada, pero puedo suavizarlo. La princesa no morirá, pero dormirá durante cien años."

Y así fue como sucedió, hasta este día, el relato de la Bella Durmiente aún se cuenta.

De este modo, las hadas se convierten en brujas cuando se ignora su existencia. El negarle a alguien el derecho de pertenecer se manifestará inevitablemente de alguna manera.

Todo lo que pertenece tiene derecho a formar parte

Compartimos el aire con los bosques y el agua con los mares. Como un cuerpo, ellos y nosotros somos uno.

Un refrán tibetano.

o   Todo lo que pertenece se valora
o   Ya no se pertenece
o   El cambio a un sistema diferente
o   Preguntas para explorar la pertenencia

Todo lo que pertenece se valora

La necesidad sistémica, fundamental de pertenecer tiene que ver con hechos, no con sentimientos. Por ejemplo, perteneces a la organización porque estás en la nómina, aun cuando pudieras no tener una sensación de pertenecer. Refuerza a la organización cuando todos los que pertenecen tienen un lugar en la cadena del todo mayor; cuando todos los departamentos, productos, así como los antes mencionados origen e historia, tienen sus lugares. Tal vez en la página web, en el organigrama, o de alguna otra manera.

Tenemos la tendencia de dibujar un círculo alrededor de una organización más reducido, en vez de más grande: ¿Quién o qué pertenecerá si haces el círculo un poco más ancho? ¿Y cuándo lo amplias más? ¿Y más? ¿Entonces quién y qué se ve más claramente? Todos aquellos que llevaron a la organización a lo que es hoy, pertenecen. Cada persona que se reporta a un jefe en particular pertenece a su equipo. Todos los productos o servicios que ofrece la compañía o que ha ofrecido en el pasado, pertenecen a la compañía. Sin clientes, no hay organización. Así es que pertenecen los clientes: incluyendo los clientes enojados, insatisfechos, o los que se fueron.

Uno puede dibujar círculos aún más amplios alrededor de la organización.

Mirando a través de lentes sistémicos, ves los diferentes subsistemas que están interconectados y a pesar de eso son distintos. Cada parte, cada equipo, cada división puede considerarse como un sistema por separado. Necesita su propia función y su propio lugar, así como también la claridad acerca de quién pertenece y quién no. Cada subsistema tiene un inicio, una historia, y un propósito. Entre más saludable sea un subsistema, más es capaz de abrirse a, y mantener relaciones con, el todo más grande al cual pertenece sin miedo de desintegrarse.

Visto de manera sistémica, es interesante explorar dónde una organización, o partes de ella, señalan espontáneamente las fronteras del sistema. ¿Hay grupos o elementos que a la mejor son excluidos u olvidados? Y surge la pregunta si en realidad ya se hizo espacio para lo nuevo que se ha agregado. ¿O sigue desconectado?

¿Dónde perteneces tú?

Fortalece tanto al todo como a la parte cuando cada cosa y cada quien tiene un lugar preciso y sabe sobre todo dónde pertenece. Pero no siempre es tan claro…

El gerente de tienda: ¿Primordialmente, a qué / dónde pertenece? ¿A la cadena de tiendas, a la tienda donde trabaja, al grupo de los gerentes de las tiendas, o es su vínculo más fuerte con sus colegas en 'su' tienda? ¿O quizás con el pueblo donde está la tienda? Y, ¿qué si cada uno de los gerentes decide por sí mismo y hace su propia interpretación?

¿Una jueza pertenece primero a la profesión de jueces o a la corte donde trabaja?

¿La tienda de frituras, pertenece más al barrio donde está establecida o a las demás tiendas de frituras en la ciudad? ¿Es diferente para las cafeterías?

¿Después de cuánto es que alguien, que ha estado incapacitado durante mucho tiempo, pertenece al departamento? ¿Pertenece uno que se está capacitando? ¿Y el que está próximo a pensionarse? ¿Quiénes han perdido el derecho de pertenecer desde una perspectiva moral, pero que desde la perspectiva sistémica todavía pertenecen?

La confusión respecto a la pertenencia debilita no sólo al miembro individual del personal sino también a la organización.

Perteneciendo sin tener un lugar, un puesto

Es extraño, pero cierto: hay personas que no tienen ninguna función pero siguen en la nómina. Pertenecen a la organización, pero ya no tienen un puesto. En algunas organizaciones se les conoce como burócratas inactivos (en México les decimos 'aviadores'). Un director se quejaba de una persona así. No daba ningún resultado. Era una lata y un chismoso. Pero no lo podía disciplinar porque como no tenía ninguna función, no podía haber evaluación de su rendimiento. Por naturaleza, la organización – como un sistema – empuja a esta persona a hacer ruido, hasta que sea visto y, se le haga justicia al principio de que quién pertenece tiene un lugar preciso. Y es más desagradable cuando el director dice: "En verdad que quería darle una plaza, pero su comportamiento intolerable lo hizo imposible." Y así, por no haberle dado una debida despedida, se creó una fuga de energía muy grande afectando a la organización completa.

Ya no pertenece

Si empleados, productos o proyectos en realidad no tienen un lugar dentro del todo – no importa qué tanto pertenecen – entonces, en última instancia, invalida al sistema entero. Esto se puede manifestar en una sensación de inseguridad, menor lealtad, o vínculos relajados con la organización. Estos síntomas son las formas en la que la organización, como sistema, atrae la atención hacia la necesidad básica que todos los que pertenecen tienen el derecho a tener un lugar. Y todos los que no pertenecen, o ya no le aportan al sistema, deberían irse de una manera apropiada.

Si puedes perder tu plaza o que se te despida sin ninguna advertencia, ¿cómo pueden aún conectarse sin reservas hasta cierto punto, aquellos que se quedan?
Por el otro lado, también es interesante ver quien reclama un lugar que no es o ya no está ahí para él y lo que esto pudiera decirnos sistémicamente hablando. Toma, por ejemplo, la persona pensionada que llega con frecuencia a su viejo lugar de trabajo, o el antiguo empleado que constantemente se le 'olvida' entregar la identificación de su compañía. ¿De verdad, la organización les dio las gracias o se necesita todavía algo antes de que las personas involucradas y la organización se puedan dejar ir una a la otra?

A la mejor hasta ya lo has vivido tú mismo: cuando se aclara que vas a solicitar otro trabajo, de hecho ya dejaste tu lugar, y ya no perteneces más. Cuando es evidente que venderán una sección, entonces ya se fue. Y entonces, surge la pregunta crucial: ¿Se tiró a la basura a la sección, o se le dio una despedida digna?

Dos preguntas filosóficas. ¿Es posible, en algún momento separarse de un sistema? ¿En verdad es posible dejar de pertenecer?

Es sorprendente cómo, al principio de un entrenamiento, las personas están contentas y dispuestas a hablar acerca de dónde iniciaron sus carreras, en cuál compañía. Y asimismo, cuán importante es para ellos decir en cuáles puestos y funciones, los emplearon en esa compañía. Por lo visto, todo esto pertenece con quien eres tú.

Contratos de transporte público

El transporte público holandés se organiza a través de contratos públicos. Como resultado de un concurso, emerge una compañía de transporte que gana el exclusivo, pero temporal, derecho de abastecer de transporte público dentro de cierta región.

¿Qué significa para los conductores de autobuses a quienes van a transferir – junto con las rutas de los autobuses – a otra compañía? ¿Qué significa para el elemento de pertenecer a la nueva compañía, sabiendo que, después del siguiente contrato público, bien podrían pertenecer todavía a otra compañía diferente? ¿Dónde pertenecen más: a su ruta, a la región que sirven, a la compañía, al sector de transporte público? ¿Qué significa para el conductor de un autobús diferente, portar un uniforme nuevo, cumplir con nuevas reglas y nuevos procedimientos? ¿Qué significa para el jefe que está ahora a cargo, pero temporalmente, de un grupo de choferes y de una sección? ¿Cuál es el efecto en la compañía que consiste de varias concesiones, las cuales todas se vencen en diferentes momentos? Aquí la palabra clave es reconocimiento. Es como es: el vínculo, la pertenencia aquí es temporal. No es de extrañarse que la gente se conecte menos. Al ser el nuevo dueño, o el nuevo gerente y reconocer esto, podría abrir una nueva forma hacia un compromiso adecuado.

Y, ¿cómo le das la despedida a aquellos que tuvieron que dejar la compañía debido al nuevo contrato? ¿Gente que pudiera haber estado trabajando ahí durante años? A veces a los 'viejos fieles' les dicen adiós con los colegas colocados en dos filas hacia la salida. Un ritual bello, antiguo en el cual se otorga reconocimiento sin palabras, abriéndose paso para irse y dejar ir de manera honorable. Otra pregunta diferente sería si es adecuado permitir a los recién llegados entrar por la misma doble fila.

¿Dónde de hecho perteneces?

Parece una pregunta fácil. Sin embargo... En una organización matriz, existe una lucha permanente. ¿Pertenezco a la región, con el gerente regional como mi jefe inmediato, o pertenezco a los colegas en mi profesión, con el gerente de programas técnicos como mi jefe funcional? Y, ¿debería cada empleado decidir por sí mismo o tiene la organización reglas para ayudarte a entenderlo? Conflictos acerca de lealtades, y luchas por el poder se ofrecen — como bebidas en una charola — donde cada individuo tiene qué elegir por sí mismo, porque no existe un reconocimiento 'oficial' de la tensión por pertenecer a dos sistemas.

Y ¿qué con el funcionario de alto nivel? Un puesto que con frecuencia se crea para relevar al director. El funcionario de alto nivel a menudo se encarga de la planeación y la calendarización. Pero, si también tiene un rol en las entrevistas de rendimiento, ¿pertenece aún al grupo de colegas, o a la administración, o no tiene lugar, pues en realidad no pertenece a ninguno? Entonces, puedes esperar que surjan ciertos síntomas, porque la auto-regulación siempre se entromete cuando a alguien no se le da su lugar verdadero. Como un fenómeno sistémico, el funcionario podría tratar de probar que él puede hacerlo mejor que el director (pues tiene la mirada en convertirse en director y de esa manera pertenecer a la administración), ¿o continua controlando los asuntos de su equipo (demostrando claramente que pertenece al equipo), o se ubica como un experto en el contenido (mostrando que tiene su propio lugar, separado de los dos, del equipo y de la administración)?

El cambio a un sistema diferente

Una característica de los sistemas organizacionales es que puedes unirte a ellos y puedes irte de ellos. Además, dentro del sistema, uno puede cambiar de puestos.

¿El abordaje suave o duro?

Se elimina un rol en la organización, y esto trae como consecuencia que la persona en ese puesto sea superflua. Te puedes imaginar varios escenarios:

Si es necesario, alguien, de manera diligente trabaja para crear un nuevo lugar para esta persona. Todo está enfocado en buscar un nuevo puesto. Y cuando por fin se encuentra, la persona involucrada no tiene opción sino agradecer y aceptarlo. Sin embargo, el estar de luto por la pérdida de la función anterior a veces sigue teniendo un gran peso.

O, se presta atención a lo que la persona contribuyó mientras estuvo en ese lugar. Y es verdad que existen buenas razones para que se quite ese puesto en este momento. Por el otro lado, se le agradece de manera adecuada. Y por otra parte, para él y para los otros, es claro que de ahora en adelante, él ya no tiene un lugar. Sólo hasta entonces la partida se convirtió en un hecho. Ahora los dos, el empleado y la organización están separados uno del otro. Tal vez aún halla oportunidades, quizás no. Si lo seleccionaran una vez más sería por quién es: sus cualidades, capacidades, su motivación para un lugar nuevo y el grado en el cual quiera comprometerse.

¿Qué le da mayor firmeza y dignidad a la persona? ¿Qué consolida más a la organización? ¿Qué es lo más apropiado para los colegas? ¿Cuál intervención fortalece al director, a la persona involucrada y al equipo?

¿Dónde perteneces o perteneciste?

Un currículum vitae te ayuda a entrar en alguna parte, a presentarte a un sistema al cual te gustaría pertenecer. Una de las cosas que la gente del sistema nuevo necesitarán es un entendimiento de cómo te conectabas con los sistemas anteriores. ¿Eres alguien que fácilmente brincas de una organización a otra? ¿Cómo te fuiste de la última? ¿Por qué? Si alguien habla de manera positiva del último lugar donde perteneció, ¿Qué efecto tiene en ti? Y, ¿Qué si alguien habla mal? ¿Por quién te inclinas, a quién quieres dejar entrar?

Cada vez se espera más que lleves a la nueva organización tus redes de contactos y conexiones que fuiste creando en otras compañías. ¿Y qué con los sistemas privados con los cuales te has estado familiarizando a través de las redes sociales? Las fronteras entre los sistemas privados, públicos y de trabajo son cada vez menos claras. ¿Qué significa esto para las alianzas que harás en el nuevo sistema?

El iniciar otra vez con un 'hacer borrón y cuenta nueva' ya no es posible. ¿Pero, y si tu pizarra vieja no está lo suficientemente limpia? ¿Renunciarás entonces a la posibilidad de acceder en algún momento a redes importantes de los sistemas? Y si así fuere, ¿Cuál podría ser tu reacción? ¿Con quién te conectas entonces?

Preguntas para explorar la pertenencia

- o ¿Cuáles departamentos, productos, funciones, sucursales, y clientes pertenecen? ¿Cuáles partes son fácilmente olvidadas?
- o ¿Pertenecen estos: los trabajadores temporales, los practicantes, los que trabajan por cuenta propia, los de medio tiempo, los que se enferman de manera crónica, los colegas a quienes trasladaron temporalmente, etc.?
- o

- ¿Quiénes son las personas a las que rara vez, o nunca se les invita para los rituales de 'compromiso', como los retiros anuales, eventos sociales, o la Fiesta de Año Nuevo?
- ¿Quiénes, de hecho no pertenecen, pero aún así se les da un lugar? ¿Ese miembro del personal que está en el equipo gerencial o el consultor externo que participa en la excursión del equipo, o el colega de RH a quien invitan a la fiesta de Navidad del departamento?
- ¿Para cuáles funciones es difícil decir dónde pertenecen? ¿A la mejor aquellas que parecen pertenecer un poco en todas partes?

El orden

En el orden del todo, cada parte tiene su propio lugar.

Alabar a alguien hasta el cielo significa negarle su lugar en la tierra.

- El lugar y el orden
- Preguntas para explorar el orden

El lugar y el orden

Cualquier sistema vivo en el cual deben cooperar los individuos para poder sobrevivir, no puede existir si no hay orden. Una jauría de lobos, perros o venados, pero también una compañía, un equipo o una asociación, necesitan un orden claro donde cada quién tiene un lugar inconfundible desde donde hace su propia aportación a la supervivencia del todo.

La jerarquía, gráficamente descrita en el organigrama, es el principio de orden más importante de un negocio. Esta jerarquía está, diferente a la de los animales, diseñada de manera racional para clarificar el orden y evitar la incertidumbre o interminables intentos para confirmarla. El más alto en el rango determina la estructura de una compañía y las condiciones dentro de las cuales hacen su trabajo los demás, y esto le da a él el nivel más elevado. Entre más arriba se coloca una función en la estructura, más importante es para el todo. Por supuesto que no existe una fábrica sin trabajadores, pero ellos no pueden ni siquiera empezar a trabajar sin que alguien controle los ingresos, no importa cuántos empleados estén disponibles. Y sin personas que dirijan las fábricas, las máquinas, las licencias y el calendario laboral todo iría mal. En breve, aquellos que tienen un rango y una posición superior están ahí para hacer posible el trabajo, para que el todo pueda funcionar. También se expresa la jerarquía en el sueldo y los beneficios. No significa que una persona – como ser humano – ¡sea más importante o tenga más valor que otra!

Además de la jerarquía, hay otros principios de orden dentro de las organizaciones: el número de años trabajando en un puesto, la antigüedad dentro de la compañía, la edad, las habilidades, etc. Cuáles principios entran en juego, y en cuál secuencia están acomodados para determinar el orden correcto, es diferente para cada organización. En un sentido general, uno puede decir que aquellas funciones que son primero hacen posible que otros hagan su trabajo y cumplan con sus obligaciones. La mayor parte del tiempo esto se equipara con la jerarquía de forma agradable. Y la persona que ha contribuido a la organización durante un período más largo, se gana un lugar más alto en el orden, más alto que aquéllos que llegaron después. Esa persona tiene el 'derecho de hablar', pues por su experiencia, conoce mucho de la historia.

Es un hecho la igualdad entre las personas, pero no todas tienen el mismo cargo. Muchos son alérgicos a las diferencias en los puestos. Pero visto de forma sistémica, eso trae paz y fortaleza al sistema, cuando cada quien toma su propio lugar y le permite a todos los demás que tomen el suyo. Una similitud aparente o una confusión, acerca del orden, crea desorden. Eso conduce a una lucha alrededor de quién toma cuál lugar, creando un orden aplicando la ley del más fuerte.

El orden tiene que ver con la manera en la cual todas las partes del sistema están conectadas unas con otras. Todo en su lugar apropiado. Cada sistema vivo tiene un orden, el cual depende de la aportación de cada parte para la supervivencia del todo.

Las instrucciones en el avión son claras: "Padres de familia, primero colóquense ustedes su máscara de oxígeno, después colóquensela a sus hijos."

El corazón, los pulmones y el cerebro tienen precedencia sobre la piel y los músculos cuando ocurre pérdida de sangre en el cuerpo humano. Al compartir los alimentos, los leones adultos tienen prioridad sobre los cachorros. El gobierno y el rey tienen un refugio especial en caso de emergencias y, comparados con otros, los departamentos no-directivos son más fáciles de subcontratar. Por lo tanto, en un organigrama, no sólo se describen las funciones en sus relaciones mutuas, sino también las unidades, los departamentos y los equipos. Ahí también, es la regla que cada parte debe tener su lugar preciso y adecuado en el orden del todo.

Y antes, hablábamos acerca de la paz que existe como resultado de un orden claro de los principios rectores.

Buscando talento joven

Muchas compañías tienen programas para talento joven, dirigidos a atraer profesionales jóvenes, con estudios superiores. Ellos reciben el entrenamiento y la oportunidad para encontrar su orientación profesional dentro de la compañía. A menudo tienen varios puestos gerenciales durante un corto período de tiempo, para poder adquirir experiencia en dirigir y para llegar a conocer a la compañía en todas sus facetas. A veces no les dan un contrato permanente, esto les permite a los dos, a la compañía y al empleado ver y experimentar cómo son las cosas. Bello. La pregunta es, ¿sólo se te permite inscribirte en este programa si eres joven y eres de fuera? ¿Qué efecto tiene esto en empleados talentosos que tienen la desgracia de ya estar en la compañía y sólo tienen treinta años de edad? ¿Cuál es el efecto de este programa (costoso) en los que han trabajado ahí durante muchos años, y a quienes les encantaría tener la oportunidad de crecer a través de cursos de entrenamiento y nueva experiencia de trabajo, pero a quien se les dice que no hay dinero para dicho programa? En otras palabras, ¿qué sucede si al poner orden, a la 'educación' se le coloca por encima de la 'experiencia'? ¿Si joven viene antes de mediana edad y viejo? ¿Si no conectarse está sobre el comprometerse a largo plazo a la compañía o a la función?

Desde una mirada sistémica, puedes sentarte, recargarte y esperar a que la auto-regulación del sistema restablezca el orden correcto: un orden que le haga justicia a aquellos que llevaron al sistema a lo que es hoy en día. Puedes esperar a que los colegas experimentados, de mediana edad y mayores, habiéndose conectado ellos, con el corazón y el alma, durante años, se pongan en contra de los recién llegados... ¡no importa lo mucho que puedan ver que la gente nueva trae una mirada y propuesta refrescante, novedosa! El sistema, de igual forma, responderá para poder hacer justicia a aquellos que han contribuido por mucho tiempo. Por ejemplo, ofreciéndoles a los colaboradores que ya están otro tipo de entrenamiento y la posibilidad de explorar nuevos caminos y progresar en sus trabajos.

¿Disturbios del orden?

Las ilustraciones a continuación muestran como se clarifica el orden. Si te pones en el lugar de todos aquellos involucrados, así como también de la organización completa, ¿qué te dice acerca de lo que es apropiado e inapropiado? ¿Qué refuerza y qué debilita al todo?

o ¿La empleada que ya tiene bastante tiempo en la compañía y a la cual se ignoró para un ascenso, sin que se hablara con ella?

o El colega utilizado por el gerente como un camarada y confidente.

o El recién llegado que de inmediato le dan su propio espacio mientras colegas más antiguos no tienen ese privilegio.

o El que trabaja medio tiempo a quien le dan los proyectos deseados y populares y de esa manera no tiene que hacer trabajo 'ordinario'.

o Los colegas que tienen hijos que tienen prioridad para descansar durante los días festivos escolares.

o El miembro de la asamblea quien, antes que su gerente, recibe información respecto a su área.

o El director; que recorta el presupuesto de todos menos el de él.

o El empleado de mayor antigüedad que recibe privilegios que ya no son adecuados.

Preguntas para explorar el orden

o ¿Quién carga la mayor responsabilidad para el todo?
o ¿Quiénes han estado más tiempo en la compañía?
o ¿Quiénes han estado más tiempo en el departamento?
o ¿Cuál es el orden de las diferentes funciones en la organización?
o ¿Cuál es la jerarquía entre el personal directo e indirecto?
o En un negocio familiar, ¿qué es primero, la familia o la compañía?

- ¿Qué proporciona posición o estatus adicional? ¿Antigüedad? ¿Edad? ¿Lugar de residencia? ¿Grados universitarios? ¿Pericia? ¿Relaciones?
- ¿Le afecta a la función de uno el género, la religión, el estado civil, o la preferencia sexual? ¿Cómo? ¿Qué pudiera eso decir acerca del origen y la historia de la organización?

El equilibrio

Debe haber un balance justo entre el tomar y el dar.

Las personas que dan demasiado abruman a los demás. Al hacerlo de esa manera, le dificultan a los demás poder mantener la relación en equilibrio.

Las personas que toman demasiado agotan la relación.

- El equilibrio entre el tomar y el dar
- Una contribución especial
- Preguntas para explorar el equilibrio

El equilibrio entre el tomar y el dar

El equilibrio entre el tomar y el dar está involucrado con el intercambio que ocurre entre las partes del sistema: entre los niveles de la gerencia, entre el personal y la gerencia, entre los departamentos, entre los colegas, entre la organización y sus empleados. Asimismo, este intercambio se hace cargo del balance entre el tomar y dar entre la organización y sus clientes tanto de productos como de servicios, y con los inversionistas. También el intercambio se lleva a cabo entre la organización y su medio ambiente físico. ¿Agota a la tierra al extraer materia prima? ¿Daña al área? Donde el equilibrio es justo, todos los grupos (sistemas) involucrados se fortalecen. Donde es desigual, una parte agota a la otra al tomar demasiado o al dar muy poco. Un sistema que se mantiene en un estado de desequilibrio – por ejemplo, al no honrar algunos aspectos del pasado, o debido a la incertidumbre de quién pertenece al sistema, y quién tiene qué lugar – fácilmente puede ser diagnosticado mediante un disturbio en el balance de tomar y dar. Los síntomas que pueden aparecer son rotación de personal (ya no queriendo invertir tu propia energía), ausentismo (ya no pudiendo invertir), no haciendo lo que se acordó (al pertenecer más a algo diferente), reducción del ingreso, etc.

Si el balance entre el tomar y dar está en un estado de equilibrio, esto se manifiesta como libertad entre las partes. La libertad de irse, la libertad de quedarse. No hay una hipoteca del pasado en el futuro. Por consiguiente, cada uno puede desplegar toda su energía; cualquier movimiento nuevo puede empezar libremente.

En ocasiones una parte del sistema da tanto a la otra parte que es imposible para el que recibe soportar seguir tomándola. Para mantener el sentido de dignidad de uno no hay otra solución que terminar la relación.

El fracaso de la relación

Un asistente a un líder de equipo siempre está haciendo demasiado. Casi y se apodera de la ocupación de su jefe. Parece incapaz el líder del equipo de restringir a su asistente, que explica que ama lo que hace. Tanto la relación como el orden se están distorsionando. Entre más se hace cargo el asistente sin que se lo pidan, más irritable se pone el líder y más distancia pone entre el asistente y él, de manera literal y figurativa. Ahora, cuando necesita ayuda extra prefiere pedírsela a otros, haciendo que el asistente se sienta todavía más ignorado y menospreciado: después de todo, ¡acaso no es él quien está invirtiendo tanto! Al final, el líder siente que no tiene otra opción que pedirle al área de RH que le encuentre un nuevo lugar para el asistente, fuera del equipo. Seguramente ameritan reconocimiento su inversión y compromiso, una recompensa, 'algo' a cambio. Pero cuando alguien da en demasía, nada es lo suficientemente grande para equilibrarlo. Además, se siente inadecuado, pues el asistente dio demasiado sin que se lo pidieran. Para sus colegas, el que se le compense — en la forma que sea — enviaría el mensaje: "El que hagas muy bien tu trabajo no basta." Con el resultado que pudieran dejar de invertir su energía (porque nunca será suficiente) y otros, de manera inconsciente, pudieran descubrirse tratando de seguir el ejemplo del asistente. De esta manera, el desequilibrio entre el asistente y el líder se convierte en un desequilibrio que invalida a todo el sistema. Cuando se le haya reubicado al asistente, todavía estará lleno de incomprensión y resentimiento. Sus colegas anteriores y su líder dejarán escapar un suspiro de alivio colectivo. El líder ha aprendido su lección: le ofrecerá una sesión con un coach al siguiente que haga tiempos extras excesivos; para descubrir dónde el patrón recurrente de invertir sin límites se origina y cómo lo puede manejar de forma constructiva para él y para todos.

Una contribución especial

Desde hace mucho tiempo, las compañías les han dado a sus empleados recompensas especiales: entre más grande la organización, más se ha considerado y perfeccionado el criterio para el premio. Lo mismo aplica para premios por la antigüedad en el servicio. Los destinatarios se han ganado un lugar especial para ellos mismos.

Sistémicamente, funciona de la misma manera. Áreas o gente que han contribuido de una manera especial merecen un reconocimiento por haberlo hecho. No para siempre, pero sí de una manera que sea adecuada. La contribución pudiera conmemorarse en una reunión del equipo de gerencia, durante el discurso anual del año nuevo, o en un reporte anual. En ocasiones una placa conmemorativa es lo correcto. Sólo piensa en los muchos lugares donde se conmemoran a los caídos en la guerra. Contribuyeron dando la vida.

Un ejemplo: el practicante más joven que descubre un riesgo de un posible incendio y toma las medidas necesarias, hizo algo especial para la sobrevivencia de la compañía. Termina en la página principal de la revista del personal y quizás reciba un regalo especial.
En el caso de que no se reconozca una contribución especial, el sistema por sí mismo comienza a buscar la manera de hacer hincapié en este aspecto.

El reconocimiento de una aportación especial tiene un límite. Si el que lo da y el que lo recibe no regresan a la normalidad – que significa estar en la relación correcta y el orden correcto – entonces uno se convierte en prisionero del otro. Surge la deuda de nunca poder dar o recibir lo suficiente.
Un premio especial, para reconocer una aportación especial, hace que toda la organización sea viable si todos los involucrados pueden continuar en la relación y el orden adecuados. A demasiados los han promovido cuando en realidad es para evitar que sigan causando problemas.

¿Cómo puedo agradecerte lo suficiente?

A un empresario, fabricante de un producto muy especial, se le está acusando de violar las patentes. Él está absolutamente convencido de que no ha hecho nada por el estilo. Pero el otro grupo inicia acción legal... y nunca se sabe a favor de quién se pronunciará el juez.

Todos sus empleados, así como sus partidarios (clientes, abogados, inversionistas) están comprometidos a ayudarle a él y a su compañía.

Se ganó el pleito, abunda la alegría, se evitó la bancarrota. El empresario se siente extremadamente agradecido. "Sin este inmenso esfuerzo extra no lo hubiésemos logrado." Busca consejo para cómo mostrar su gratitud, de buena manera, a todos los que le ayudaron. Los empleados ya recibieron flores, pastel y champaña. Ellos tiene su relación particular con la compañía: el brindar un esfuerzo extra era en aras de su propio interés. La bancarrota hubiese significado el fin de sus trabajos. Se había restablecido ese balance.

Platicando con el consultor, algo importante se le aclara al empresario; todos los ayudantes externos tienen su propia y especial relación con él. ¿Su contribución fue una inversión en su relación con...? Sí, pero de hecho, ¿Con quién o qué? ¿Con él en persona? ¿Con la compañía? ¿Con el producto? ¿Con...? Cuando comienza a considerar el alcance de las posibles relaciones, renuncia a la idea de hacer algo para todos los externos que ayudaron.

En seguida, batalla con la respuesta a esta pregunta: "¿Cómo puedo darle las gracias a esas personas por su contribución tan increíblemente grande? ¿Cuál sería una expresión adecuado de mi inmensa gratitud?" ¿Cuál es un reconocimiento adecuado cuando alguien te da un regalo realmente grande? ¿Uno por el cual no puedes compensar dando a tu vez un regalo igual de grande? Si dicha retribución no es una opción, cómo sería reconocerla así: "Gracias por todo lo que me diste, sabiendo que nunca podría regresarlo en la misma proporción." ¿Es esto gratitud eterna? ¿Cómo afecta esto a la relación? ¿Cómo es estar siempre en deuda con alguien? ¿Cómo es para la otra persona sabiendo que no importa lo que reciba, siempre tendrá derecho a más? ¿Puedes sentir cómo esto provoca distanciamiento?

Para el consultor, este es un motivo para descubrir si el empresario tiene alguna idea del fenómeno de la gratitud adecuada – o si, puede sentir más o menos lo que es. Entonces el consultor pregunta: "¿Qué hacías cuando eras pequeño y tus padres te regalaban un juguete que en verdad querías?" Él contesta: "Mostraba mi gratitud metiéndome totalmente en mi regalo y divirtiéndome mucho." Unos momentos después comenta: "Ahora lo sé."

Había descubierto esta bella manera de transmitir su agradecimiento, a través de sus acciones, como un último reconocimiento del regalo que había recibido.

Preguntas para explorar el equilibrio

o ¿Existe un lugar donde el intercambio entre el tomar y dar llega a un punto muerto: en la organización, en la relación con sus clientes o proveedores?
o ¿Existe un balance justo entre las responsabilidades y el poder, el pago y la posición?
o ¿Se le da atención a la gente que celebra su tiempo de servicio?
o ¿Cómo le dice adiós la organización a sus empleados?
o ¿Todos reciben oportunidades iguales de entrenamiento? ¿Si hay diferencias, parecen justas?
o ¿Hay mucho ausentismo, rotación de personal, desgaste emocional?
o ¿Cómo están los salarios, comparados con otros negocios en el mismo mercado? ¿Están en equilibrio? ¿Qué efecto tiene en las relaciones entre cada uno de los empleados y la compañía?
o ¿Se paga el tiempo extra?

- ¿Cómo se recompensan los servicios voluntarios?
- ¿Cómo se manejan los asuntos de confianza cuándo se trabaja desde la casa y se tiene auto y teléfono de la compañía?
- ¿Por qué se quedan los empleados? ¿Por el sueldo, por los colegas agradables, por el trabajo interesante, por las oportunidades de aprendizaje, por la libertad o por algo más?
- ¿La organización está involucrada con la responsabilidad corporativa social: en actividades de sustentabilidad, en obras de caridad, en el medio ambiente donde opera?

Los patrones

- La identificación
- Los lugares contaminados
- Los lugares no disponibles
- Los lugares que no existen
- La parentificación
- Los patrones recurrentes

Si, en cualquier momento dentro de una organización, no se satisfacen y cubren las cinco necesidades fundamentales, aparecerán fenómenos para llevar la atención a esta situación. Cuando se descuidan el origen y/o la historia, o cuando un titular tiene más de un puesto o no tiene ninguno, o cuando el orden no es claro o se revoca, o cuando a las partes de un sistema se les trata como si sólo pertenecieran a medias o en absoluto no pertenecieran, entonces, cualquiera de estos estados producirán disturbios que causan síntomas. También a estos estadios siempre se les puede identificar por una alteración en el balance del tomar y el dar. El problema que entonces ves es sistémico, no más que un indicador hacia cuál dirección tomar. Debes buscar más allá del equilibrio entre las personas o las divisiones, mirar al pasado, a la conexión, al orden. El arte de la práctica surge al reconocer lo que se hace visible como una señal sistémica y no sólo descartarlo como un problema individual de un trabajador al azar.

Si una o más de las necesidades básicas se están descuidando, el sistema reacciona a esta violación de su vitalidad. Seguirá reaccionando mientras no suceda algo para cubrir esas necesidades ignoradas. Tomemos un viaje breve a otro sistema vivo. Cuando muere el elefante líder, el pelear ocurre en la manada mientras sea necesario para establecer un nuevo orden, o hasta que es claro que este grupo ya no puede ser una sola manada. Entonces se divide en dos manadas, cada una con su propio orden. La lucha por el poder surge entre varias partes del sistema, para clarificar quién pertenece y posteriormente, el lugar de cada quién en el orden.

Existen patrones recurrentes que frecuentemente se manifiestan en las organizaciones. Por lo general, tienen que ver con el lugar: las personas que no lo hacen, o no pueden hacerlo, tomar el lugar que va con su puesto – debido a algo del pasado, relacionado con ese lugar, que aún se sigue ignorando. Es probable que estos patrones ocurran tan comúnmente en las organizaciones, porque la gente opera en sistemas múltiples. Puede suceder que se llevan una pauta repetitiva de un sistema a otro. Esto se cubre en más detalle en el Capítulo Cinco: Coaching Sistémico. Además, son tan complejas las organizaciones, con cambios frecuentes de estructuras (los órdenes), las funciones y los sombreros extras (posiciones dobles), que es factible ver por qué ocurre con facilidad en los dominios de la pertenencia y el orden. El pasado también acecha a aquellos que no toman en cuenta cuando reemplazan al personal (demasiado) rápido. En seguida veremos algunos patrones que a menudo se repiten y que se originan por no honrar lo suficiente una o más de las necesidades sistémicas fundamentales, ya descritas con anterioridad.

La identificación

Este patrón recurrente puede surgir si hay una advertencia de que algo esencial para la organización pudiera perderse. De alguna u otra manera, las personas, los grupos funcionales o hasta departamentos completos se identifican con un principio rector, una meta o una ambición que de repente e inesperado, amenaza con desvanecerse del panorama. Sin embargo, detrás de esta manifestación está un vínculo fuerte con algo que es crucial para la vitalidad de la organización.

Reconocimiento de habilidades

Había crecido la compañía porque puso en primer término al conocimiento del oficio. Desde el inicio, era un negocio técnicamente orientado, dominado por el varón. La persona con mayor conocimiento temático se hacía gerente. Con facilidad aceptaban los colegas la falta de 'habilidades interpersonales' pues esto se compensaba por el conocimiento experto y una intuición amplia en todas las etapas del desarrollo de la compañía. Estos son los tipos de individuos que consiguen que se hagan las cosas, los que están familiarizados con el antecedente del fracaso-como-aprendizaje y comparten su pasión por el conocimiento del oficio con sus colegas.

Entonces llegó el cambio. Trajeron de afuera, gerentes con estudios superiores y bien entrenados. Muchos eran jóvenes y sin experiencia: ingenieros industriales calificados o con licenciatura en las ciencias sociales. De repente aparecieron gerentes mujeres. A la población en verdad que les gustaban mucho y sí, eran muy buenas en el arte de la conversación. Sentían empatía, veían a los empleados como seres humanos. Pero de todos modos... Cada vez más la gente se identificaba con su conocimiento del oficio técnico y reapareció la jerga.

Una reflexión sistémica: ¿Cuál fue la señal para que empezaran a comportarse de esta manera? ¿Utilizaban la jerga técnica para excluir a los nuevos gerentes? O, ¿para incluir sus antecedentes técnicos, sin los cuales la compañía no podría haber llegado a ser lo que es ahora? ¿O para honrar a sus gerentes anteriores? Si les preguntaras, te mirarían extrañados, sorprendidos. Porque no eran ellos tomando una decisión consciente, era el sistema que reaccionaba.

Y por supuesto aprovechaba a los gerentes viejos – ahora conocidos como 'expertos' – para lograr que se llevaran a cabo las cosas en la organización. De esta forma, empezó una estructura organizacional informal, que se hizo más fuerte que la formal, y causó un interminable fluir de gerentes nuevos que entraban y salían de la compañía. Perduró hasta que el consejo decidió que la nueva estructura de liderazgo no funcionaba, a pesar de las buenas intenciones subyacentes. Se convirtió en un requisito clave para los gerentes nuevos el tener un entendimiento profundo de las funciones de los empleados.

Los lugares contaminados

Sobre todo desde tu posición de persona 'ajena', con frecuencia puedes ver con mucha claridad que los individuos, que ocupan ciertos puestos, se marchan considerablemente más rápido de lo que sería normal en dicha organización. Por algún motivo no pueden echar raíces. Y es en las raíces, o para decirlo de otra manera, en el pasado, donde yace la causa de este fenómeno. ¿Se fue un anterior de una manera sistémicamente extraña? ¿Sucedieron cosas terribles, raras o indecibles? ¿Se le agradeció lo suficiente a esta persona por su aportación? ¿Así fuera que tuvo que irse por mala conducta?
La necesidad sistémica fundamental de pertenecer sólo le permite a alguien que se vaya – dejando el lugar en verdad libre para que lo ocupe alguien más – cuando el saldo final de

tomar y dar es justo, en el cual se le hizo justicia al hecho de que la persona perteneció. ¿Se le ha dado lo que merece a todo? ¿En realidad se han aceptado todas las ganancias, toda la culpa y el dolor? ¿Se ha dado reconocimiento y las gracias?

Dondequiera que falta algo necesario, el sistema generará un síntoma para eso, pidiendo atención para esta fuga de energía en el sistema. Debido al hecho de que de manera continua las personas dejan una posición en especial, el sistema envía un mensaje poderoso: debes tratar respetuosamente a todos los que una vez pertenecieron, de lo contrario jamás podrás darle a la gente nueva la sensación de que en verdad pertenecen. Sólo cuando se ha hecho un reconocimiento de la persona con la cual empezó la rotación de personal (y esto con facilidad puede hacerse mencionándolo en una reunión de directivos), ¿También se puede reconocer a su sucesor que tampoco pudo quedarse? De esta forma se puede aclarar el lugar y dejar libre para quien esté ahí ahora, y pueda soltarse el patrón recurrente de no querer o de no poder pertenecer.

¡Ya no está funcionando para mí!

Un director deseaba una sesión de coaching, para uno de sus gerentes en quien no confiaban sus colegas. El gerente era bastante nuevo en este lugar y tenía un currículum impresionante. Por este motivo el conflicto era tan confrontante tanto para el director como para el gerente. El director comenzó a dudar la habilidad del gerente y le ofreció sesiones de coaching. Cuando, durante su primera reunión, el coach le preguntó al director si había sucedido algo con la función que el gerente nuevo había tomado, hubo un silencio. "¿De cuánto tiempo dispone?" Preguntó el director. Emergió una imagen de gerentes quienes, por varios motivos, solo permanecían poco tiempo en ese puesto.

De repente, se le ocurrió que quizás este fenómeno pudiera significar algo más que no 'encajaban' los gerentes de alguna manera. Recordó, muy bien, la persona con quien empezó esta pauta repetitiva de irse de forma apresurada. Nunca estuvo claro el por qué se había tenido que ir ese gerente. Todos supusieron que tenía algo que ver con fraude, pero en realidad nadie sabía y jamás se hizo oficial. Esta persona se había marchado de manera silenciosa, sin un adiós.

¿Qué consecuencia tiene en tu confianza hacia la administración si tu jefe comete fraude? ¿Si tu jefe se va sin una despedida? ¿Cuándo sus directivos no comentaron nada acerca de que se iba, cuándo callan a los otros involucrados? No es extraño que aparezca la desconfianza cuando la confianza que existía se rompió de manera abrupta. Por medio de esta conversación, surgieron intervenciones que fueron diferentes a las que se hubiesen creído de antemano. El asunto acerca del director y el gerente se transformó en: ¿Cómo podemos reconocer la historia – con todos sus cabos sueltos?

Los lugares no disponibles

También sucede que en realidad no esté disponible un lugar– no de hecho, sino sistémicamente hablando – porque todavía sigue ocupado por un predecesor. Es como si la persona anterior aún ocupara la plaza de tal manera que, por alguna razón, no puede ser tomada. Lo aprende el nuevo miembro del personal al experimentar dificultad en poner en práctica sus habilidades y talentos normales. No puede encontrar su valentía, autoridad, iniciativa: aptitudes que estaban fácilmente disponibles en roles anteriores. Es exactamente esta observación que hace que valga la pena mirar a la historia de este lugar, de este rol. Es usual que este patrón esté relacionado con el hecho de que el anterior no desocupó de forma adecuada el puesto. A menudo, cuando los individuos se mueven internamente, la organización no ofrece un reconocimiento explicito por lo que la persona logró y contribuyó en su otro rol. Pero, de manera 'interna' es igual de necesario. Por un lado, dejarlo ir bien; por el otro, hacer que la plaza sea disponible para su sucesor. En ocasiones, la persona sí se mueve a otro lugar, pero al mismo tiempo parece que sigue ocupando su plaza anterior. Por lo visto, un sistema necesita decirle adiós a la persona que tuvo un lugar ahí, para poder soltar desde lo sistémico a ese lugar. Por completo esto puede liberar de su antigua función al empleado que va de salida y le permite dedicar toda su energía y atención a su nuevo rol, sin ningún sentimiento de culpabilidad. Siempre el sistema pondrá en claro este patrón: los colegas se pudieran acercar a la persona anterior como si todavía estuviera en su puesto antiguo, o simplemente no le darían una oportunidad a la nueva persona.

Los lugares que no existen

Además de plazas contaminadas y no disponibles, existe otra variación: la plaza que no existe. Un lugar sin una raison d'être en el sistema organizacional: una plaza creada e inventada de manera artificial. Puedes reconocer cuando alguien está en dicho lugar por la forma en la que los colegas siempre parece que lo 'olvidan' (¡en su función!). En un nivel individual es capaz de hacer las cosas, pero su puesto pareciera que no tiene ningún peso. Y en realidad, esto es verdad: sistémicamente no existe. Debido a que no hay ninguna razón para que sea o ya no es válida su raison d'être. Este fenómeno lo conoce el personal temporal, todos aquellos subcontratados a corto o largo plazo, o para aquéllos cuyos lugares son creados para darles un trabajo, donde en realidad no existe uno. Estás allí y al mismo tiempo no lo estás, o cada vez menos y menos, o siempre un poquito allí. El elemento doloroso es que estas fabricaciones siempre se crean para ofrecerle algo a la persona en cuestión: el tiempo para encontrar un nuevo trabajo, la posibilidad de todavía pertenecer, etc. El efecto es que los empleados lo viven ya sea como no perteneciendo o perteneciendo menos y descubren que ya no pueden contribuir más. Antes de que te des cuenta, se están culpabilizando, dañando su auto-confianza y, con ello, su oportunidad de encontrar otro trabajo. El sistema pone en claro lo siguiente: cuando una función o un departamento ya no son importantes para la supervivencia del sistema, entonces, de manera literal, ya no hay lugar para eso. En ocasiones una persona necesita fracasar constantemente en un cierto puesto antes de que se tome la decisión de eliminarlo (debido a que es superfluo). También puede suceder lo contrario. Entonces las personas toman el quitar un puesto de manera personal, como si no fuera el lugar, sino ellos a quien se les debería culpar por el fracaso. Es así como pueden terminar en conflicto un drama personal y un efecto positivo sistémico; tal vez pagado con un alto costo por ambos lados.

¡Por favor quédate!

Antes de asumir sus funciones, el director nuevo ya había escuchado que había muchos problemas con el personal en el departamento. Así que creó la función de gerente de RH. Estaba contento con la persona nombrada, un profesional con mucha experiencia en RH. La persona elegida también estaba muy contenta: una buena oportunidad para incorporarse a la administración.

A medida que pasó el tiempo, este gerente se sentía cada vez más agotado e ineficaz, sin embargo no tenía idea de por qué. Se sentía valorado dentro del equipo gerencial y los líderes estaban satisfechos con él. "Hace observaciones inteligentes y tiene muy buenas ideas. Siempre está preparado para hacer tiempo para ti y está bien informado; una persona amable, capaz e interesante." Y a pesar de eso, sentía que se socavaba su vitalidad.

Lo que no había cambiado, con la creación del nuevo puesto, era que todos los asuntos del personal seguían siendo la responsabilidad del líder del equipo en cuestión. Y también había un consultor de RH disponible, para que se le consultara para todo tipo de cuestiones personales. Ciertamente se había creado una plaza, pero faltaba la relación e interacción con las otras partes de la organización. Lo que fuera que hiciera el gerente de RH, siempre tenía que tomar el lugar de otro para hacerlo: el del líder del equipo, el consultor de RH o el de director. Esto dejó en claro que la organización no tenía una plaza adecuada para él. Cuando, en dicho caso, una persona hace su mejor esfuerzo para tener éxito y crear su propio lugar, entonces le cuesta bastante, a la vez que no aporta nada que no pudiera haber sido logrado de manera diferente. Un efecto secundario de crear tu propia plaza informal, es que es extremadamente difícil dejar esa situación: no puedes ceder un lugar que no existe, pues existe meramente por la gracia de ti como persona y las redes que creaste tú mismo. El irte se siente como defraudarte a ti mismo y haber trabajado para nada.

La parentificación

Este concepto se origina con Minuchin, un terapeuta familiar. La parentificacion es el patrón en el cual el niño toma el lugar de los padres. En el contexto de una organización significa la pauta repetitiva de alguien que adopta una actitud interna de estar por encima del liderazgo. Esta actitud es: "Yo sé más que mi jefe" o "De hecho, yo debería haber sido el director aquí; yo puedo hacer mejor su trabajo." De esta manera, la persona parentificada socava la posición de su líder, y también la del líder del líder. El líder superior, debería, después de todo, hacer algo acerca de esta falla en el liderazgo, ¿o no? Así el empleado deja su propio lugar, porque se cree demasiado grande para ocuparlo. En resumen, la parentificacion es una señal grave que el orden está pidiendo atención. Un sistema es más fuerte cuando cada quien toma su propio lugar. Funciona mejor un puesto si la persona que lo ha aceptado toma sólo lo que atañe a ese lugar. En casos de parentificacion, la gente ocupa otros lugares, dejando vacío el propio, lo cual tiene un efecto negativo tanto en las partes como en el todo. La parentificacion es cuando el sistema hace una intervención de emergencia. Por ejemplo, el lugar que no ha sido tomado por el líder se convierte en una aspiradora que jala al sistema. Alguien que entra de manera temporal crea cierto reposo.

Pero, debido a este resultado relativamente sosegado, lo más probable es que no intervenga la administración. Así que puedes ver que, en ocasiones, las cosas deben empeorarse – quizá se enferman los miembros del equipo, o se acosan unos a otros, o su rendimiento es insuficiente – antes de que la administración haga presión en el líder oficial. Este es un tipo de auto-regulación: se determina de nuevo el orden. Vemos al patrón recurrente de parentificacion funcionando tanto como una señal de que algo no está bien, como una reparación. En un sistema sano, cuando la señal es lo suficientemente poderosa, surge la auto-regulación y ya no se necesita más la parentificacion.

A veces, una intervención por la administración superior clarifica que las aptitudes o los requisitos originales necesitados para una posición administrativa en particular, ya no son adecuados o suficientemente buenos. Entonces el sistema necesita ser organizado de diferente manera. A veces, es claro que la personalidad del gerente lo hace inadecuado para el rol. Esto quiere decir que debe irse. De vez en cuando, es la persona parentificada la que paga el precio. A menudo lo vemos en cómo se trata a los soplones. La mayor parte del tiempo se le regresa al equipo sin ningún agradecimiento u honor porque, desde el punto de vista de la gerencia, no se necesita que se le regrese: después de todo, siempre sólo fue un miembro del equipo, ¿no? El reclamar un lugar diferente, de modo informal, no genera ni gratitud ni honor por haberlo hecho. La persona que informalmente se sale de su propio subsistema –el equipo– infringe tanto la pertenencia, que por lo general ya no hay un lugar para él en su 'propio' equipo. Y entonces sucede que, para esta gente, ya no existe un lugar disponible en ninguna parte en el sistema.

Hay diversas variaciones al dejar el lugar de uno. Ocasionalmente, un empleado se convierte en el 'amigo' del jefe, o el líder elije a un miembro del equipo para 'recargarse' en él. Al responder, el miembro del equipo deja su propio lugar, y de manera informal, se mueve al subsistema de la gerencia dando como resultado un desorden y una pérdida de energía.

En ocasiones ves que en verdad un líder quiere pertenecer al equipo. Se vincula demasiado con el subsistema de los miembros del equipo y muy poco al de los gerentes. Esto también causa confusión: tu gerente es tu colega y compañero de trabajo, pero también te evalúa e implementa directrices. Esta confusión puede crear diferentes síntomas: una escisión entre la gerencia y los empleados, un sentimiento de inseguridad dentro de los equipos, las líneas informales de comunicación que se vuelven más importantes que las formales, y así sucesivamente.

Puesto que es crucial que se establezca en un sistema un orden claro y adecuado, siempre van a brotar los síntomas cada vez que haya una falta de claridad acerca del orden. Al final, la auto-regulación sistémica siempre surgirá, pero muy a menudo llega con un alto precio: miembros del equipo que se enferman o se van, a un gerente que se le retira de su posición y la gente, quien se quedó demasiado tiempo en lugares informales, pierde su derecho a un lugar.

Los patrones recurrentes

El dejar tu plaza puede ser causado por una recurrencia de un patrón. Cuando es difícil para un líder tomar su lugar –quizás debido a que, en su familia de origen, no podía, o no se le permitía tomar su lugar legítimo, o cuando un colega, cuando de pequeño en su familia de origen, ya era el 'salvador' para su padre o su madre– entonces la parentificacion, entre el gerente y los miembros de un equipo, se manifiesta con facilidad. En dicho caso, el fenómeno está sobre todo preocupado con la repetición de pautas que se originan en los sistemas familiares de las personas involucradas. Para mostrar esto de manera clara, el coaching puede proporcionar mucho consuelo. Sin embargo, en ocasiones ves que se manifiesta un patrón recurrente en varios lugares en la organización. Esta es una señal poderosa de que algo no está completamente 'en orden'.

¿Comportamiento que no respeta límites o un ritual de conexión?

Al consultor se le estaba pidiendo que se pusiera en la situación de un directivo de una división. Las cifras por acoso, discriminación e intimidación entre los colegas eran altas, demasiado altas, y habían estado así ya durante un tiempo. Los directivos involucrados habían estado recibiendo apoyo psicológico, lo cual intentaba identificar con cual comportamiento que no respeta límites estaba relacionado. Pero, finalmente, los directivos se quejaron de que sentían inseguridad. Si no participabas en esta competencia feroz, en la 'carrera de codazos', donde siempre se te podía localizar por teléfono, tenías que responder a correos electrónicos en las noches y durante el fin de semana y asumiendo mucho más de lo realísticamente posible, entonces tenían miedo de que los despidieran. El consultor al director divisional: "Usted también tolera y confirma el comportamiento que no respeta límites." Señaló que en la relación de su jefe con él, continuamente se cruzaban las fronteras: cancelación de reuniones a última hora, las reuniones excediéndose en el tiempo o diferentes personas asistiendo de las que se había acordado con el consultor. También en estos casos, lo no dicho era asimismo muy claro: "No esperamos que armes un escándalo; si lo hicieses, en verdad que nos cuestionaríamos si eres la persona correcta para nosotros." Surgió esta pregunta: "Parece como si el mismo patrón se estuviera repitiendo una y otra vez, perteneces, pero sólo si estás de acuerdo con el código de no tener límites claros. ¿Cuál pudiera ser su función? ¿Cuál es o ha sido el problema con conectarse y pertenecer de una manera lógica?

Capítulo 4

El consultor sistémico

- Introducción
- ¿Cuándo trabajar sistémicamente?
- La actitud
- Conocimiento aplicado
- El curso de acción
- Exploración sistémica

Introducción

Reflexivo y cauto es el camino

Se trata de soltar ideas preconcebidas, de la tendencia a juzgar y a aferrarse a los problemas; es la buena voluntad para descubrir, explorar y valorar lo que es, con atención focalizada y llena de confianza.

(Chungliang Al Huang and Jerry Lynch: El tao de la sabiduría)

En este capítulo hablaremos de lo que se exige del consultor que desea trabajar de forma sistémica. En primer lugar, está la pregunta si la propuesta sistémica es la correcta para el asunto en cuestión, en esa organización. Y cuando lo sea, lo que este método significa para el cliente así como también para el consultor.

Creemos que para el consultor, el elemento más importante es la actitud con la cual trabaja. Profundizamos bastante en este tema. En seguida, planteamos cómo aplicar lo que hemos aprendido acerca de las necesidades fundamentales de la organización. Por último, vemos cómo actuar desde una actitud sistémica. Entonces, en este capítulo, respondemos a estas dos importantes preguntas: ¿Qué, como consultor sistémico, hago yo y cómo le hago? Terminamos con una discusión de algunos problemas comunes en las organizaciones y explicamos cómo encontrar sus raíces sistémicas.

¿Cuándo trabajar sistémicamente?

Si son persistentes los problemas en una organización y las intervenciones traen poco, o sólo alivio temporal, entonces es evidente que el sistema necesita otra cosa, antes de que sus partes puedan recuperar su fuerza.

La metodología sistémica es apropiada en las siguientes circunstancias:
- o Se repiten las pautas repetitivas, los patrones recurrentes en el espacio y tiempo y tal vez, en más lugares en la organización.
- o No es clara la causa de los patrones recurrentes.
- o Las intervenciones usuales no ayudan de modo permanente o, no ayudan para nada.
- o Las personas muestran buena voluntad, pero ni aún así funcionan las intervenciones.
- o La energía parece salirse del sistema, también de los recién llegados.

Es como tu jardín; todo va bien si riegas y alimentas a tus plantas. Pero hay lugares donde nada funciona. No importa lo que hagas, todo lo que siembras se muere o se marchita. Quizás, debajo de la superficie, ¿hay una capa de concreto vaciada ahí desde hace mucho tiempo? ¿A la mejor hay veneno en la tierra? ¿Pudiera ser que esa conífera inmensa se chupa toda el agua y los nutrientes y no deja que pasen los rayos del sol y hace que la tierra se vuelva ácida? En todos estos casos, el añadir estiércol y agua ya no ayuda; se necesita algo diferente. Aquí es indispensable contemplar todo desde una perspectiva más amplia para poder descubrir lo que está sucediendo.

La propuesta sistémica ofrece la oportunidad de un cambio fundamental, porque las personas en el sistema obtienen una intuición hacia el todo más grande donde ocurre el problema.

También el trabajar sistémicamente le exige algo a todos los involucrados. Pide el valor y coraje de soltar las ideas preconcebidas sobre lo que está pasando, y de cómo debería resolverse. En particular, los clientes que tienen que reportar sobre los cambios en los proyectos a los niveles superiores de la administración y asimismo tal vez a los consejos o sindicatos de trabajadores, les puede resultar difícil no tener un plan de acción por adelantado. El trabajar de manera sistemática demanda una gran cantidad de confianza por parte de todos los interesados. Primero, confiar que el sistema revelará todo el conocimiento e información necesaria sobre lo que está sucediendo y qué es lo que se necesita para efectuar y sostener el cambio. Después, confianza de que los miembros del sistema –con la ayuda de un externo que puede mirar y escuchar con una mente abierta y sin prejuicios- sean capaces de plasmar en hechos estos datos. Y por último, confiar que el cambio puede ocurrir sin pasos definidos con precisión, ni límites en fechas predeterminadas. Además se requiere un anhelo de explorar lo que realmente importa. No hay rodeos y el consultor no les quita a las personas asignadas el tomar las decisiones difíciles.
Lo que es más, cuando el cliente tiene una idea preconcebida acerca de lo que debería ser el resultado de una intervención –por ejemplo, reducir el número de personas por incapacidad en un porcentaje determinado –no puedes trabajar con la metodología sistémica. Lo mismo aplica para una agenda apretada que decide qué necesita hacerse y cuándo. Por

supuesto que siempre existe una causa y una meta 'obvia'. Juntos, el consultor y el cliente comienzan a explorar el por qué aún no se llega a esa meta y qué pudiera ser la razón escondida para el número alto de incapacidades. Y mientras exploran juntos, pueden surgir intervenciones completamente diferentes, las cuales, a primera vista, parecieran no tener ninguna conexión con el tema de las incapacidades.

Siempre se beneficia el cliente si tiene cierta curiosidad y el consultor cierta libertad para actuar. ¿Qué podría estar pasando aquí? ¿Qué pudiera estar necesitando el sistema como un todo? Tan pronto como el cliente y el consultor se hayan puesto de acuerdo para este tipo de cooperación, el camino está libre para transitarse.

La actitud

Abordar, acercarse. Qué bellas palabras. Abordas, te acercas al otro, a la organización. La actitud correcta es crucial para cómo hacerlo. ¿Cómo, siendo un consultor sistémico, abordas, te acercas, a la otra persona, a la organización? Te estás acercando, con todo tu equipaje, todo tu conocimiento de los sistemas vivos y los principios que empoderan a una organización. Y a medida de que te vas acercando registras todo lo que percibes. Sin emitir ningún juicio. Recibes todo lo que entra a tu consciencia sólo como información del sistema.

Te acercas con un profundo respeto para este sistema vivo. Todo lo que sucede tiene un motivo subyacente. Esta metodología resulta en una actitud de humildad, la base para el trabajo sistémico.

Esta actitud tiene ciertos aspectos que están inextricablemente entretejidos:
- o Al servicio del todo
- o Sin emitir juicios
- o Involucramiento desapegado
- o Parcialidad multilateral
- o Lugar temporal
- o Acción restringida
- o Descarrilamiento sistémico

En seguida describimos estos aspectos y damos ejemplos de cómo pueden guiar las acciones del consultor.

Al servicio del todo

Como consultor sistémico, no sólo ves a la parte por el cual te han contratado, sino también a la organización como un todo. Cualquiera que vaya a ser tu punto de acción – una sola persona, un equipo, un departamento o una división – siempre estás trabajando al servicio del todo, y no, por ejemplo, a favor del área comercial y en contra de la administración, o para una sucursal y en contra de la oficina central. Siempre estás buscando el cómo empoderar a la totalidad para que cada quien pueda hacer bien su trabajo. El todo más grande siempre está ahí. Si tu cliente es una compañía grande multinacional, existen entidades todavía más grandes donde incluso una organización de tal magnitud también es parte. Por ejemplo, los mercados en los cuales opera la compañía, los países donde tienen oficinas o fábricas o países hacia donde exportan.

Esto significa que hasta el más alto funcionario no es necesariamente tu único cliente. O que al involucrarte en otros niveles, rebases tu autoridad y tu contrato.

Invitaron a un consultor a un departamento ministerial. Antes, los máximos directivos habían decidido, que debido a recortes en el presupuesto, ya no se podía contratar a consultores externos. Así que esta 'invitación' estaba en franca contradicción con esa decisión.

El consultante que, sabiendo esta disposición, aún así acepta este trabajo, se auto-juzga tener más capacidad en decidir lo que es bueno para el ministerio que los asignados para hacerlo. Por lo tanto, este consultor jamás podrá trabajar al servicio del todo, no importa lo bueno que sean sus intenciones o pudieran parecer sus consejos.

El trabajar al servicio del todo no está motivado por consideraciones éticas. Proviene de la observación de que el todo proporciona el fundamento para la parte. El todo siempre es más fuerte que la parte. En ocasiones, dentro de un todo que está empeorando – a la mejor, una cadena comercial – una sola parte, sólo una sucursal, pudiera aún florecer. ¿Pero, por cuánto tiempo más puede esta parte seguir floreciendo dentro del todo mayor que está decayendo? Las partes se fortalecen en la medida que el todo se hace más fuerte, no de la otra manera. Las partes se fortalecen entre más tomen su propio lugar correcto dentro del todo. O al dejar la totalidad cuando todo indica que ya no hay un lugar para ellos. Esta es la razón por la cual como consultor te comprometes primero al todo y sólo desde ahí a la parte.

Sin emitir juicios

'Demanda sensibilidad y valor para ver al mundo justo como es en cada momento sin juicios o sin crítica.'

(Chungliang Al Huang y Jerry Lewis: El tao de la sabiduría)

El mirar sistémico demanda un estado de ser y estar especial, desde donde ves lo que es, completamente abierta, sin hacer para nada ningún juicio. Te aclaras, te despejas. Colocas a un lado tu pericia, tus conocimientos, puntos de vista y juicios y observas a este sistema, sus patrones recurrentes únicos, sus antecedentes únicos, y su raison d´etre.

Esta actitud abierta lleva consigo la posibilidad de que tal vez pudieras descubrir, darte cuenta de algo de valor para el sistema.

Un jefe le dijo al consultor: "¿Creo que estarás de acuerdo conmigo que este trabajador se ha sobre pasado y no me queda otra más que tomar una medida seria?"

Sí… el consultor podía ver su punto de vista y, durante varios minutos, se recargó en su silla y se abrió al jefe y a su juicio, pero también al empleado y a todas las circunstancias y las causas. Luego de un rato y después de una inhalación profunda, habló.

"Tengo una solución fácil y una solución difícil. La fácil: comparto tu indignación. Tienes razón. Castígalo; después podemos olvidarlo todo. La difícil: analízalo con mayor detenimiento. ¿Qué hizo que se comportara como lo hizo? ¿O, qué fue lo que parecía que lo invitara a hacerlo? Si él no lo hubiese hecho, ¿alguien más lo hubiera hecho en su lugar? ¿Ha sucedido esto antes? Si lo haces así, exploras la posibilidad de que no sea tanto un asunto personal, sino el sistema diciéndote algo de sí mismo. Si este es el caso, tienes qué hacer más que disciplinar a un empleado. Quizá la acción correcta es agradecerle, porque a través de su comportamiento, te está mostrando que algo sucede que disminuye el poder del sistema."

En un sistema vivo hay una constante correlación de interacciones entre las partes del todo. Las miramos a este comportamiento, como conductas que tiene el sistema para asegurar su sobrevivencia. El juzgarlos no es pertinente. Por lo tanto, este estilo de mirar global y basada en los hechos hace sentir segura y apoyada a la gente involucrada. No sólo no pasa la papa caliente a otro, sino que ni siquiera existe esa papa caliente. No hay bueno o malo, culpable o inocente.

Estos términos y conceptos pertenecen a un mundo no-sistémico; por ejemplo al judicial. Lo que es... es. Y no sin ninguna razón.

Esta actitud de no emitir juicios puede ser bastante confrontante, por ejemplo, cuando es más claro que el agua que una pauta se repite continuamente y las personas involucradas no tienen la autoridad para cambiarla. También confrontante, porque pudiera ser evidente que no hay lugar (ya no más) para ciertas partes del sistema, o que tomaron lugares o puestos que no eran de ellos. Confrontante, porque puede quedar de manifiesto que todo el sistema ya no tiene derecho a existir. Por supuesto que no deberías querer 'ayudar', aun cuando tu intervención pudiera vivirse así. Lo que realmente quieres hacer, junto con los miembros del sistema, es traer los patrones recurrentes subyacentes a la superficie, la verdad oculta. Una vez que son revelados, la experiencia muestra que generalmente la gente idónea sabe qué hacer.

Mientras que, la mayoría de las veces, a un consultor 'normal' se le pide su opinión, sus puntos de vista y un juicio astuto, el consultor sistémico hace un esfuerzo extremo de no tener ninguna opinión o ningún juicio. Entre más juicios tengas, más te alejas de la actitud sistémica, y menos eres capaz de ver el por qué un sistema suscita comportamiento que se siente como difícil, equivocado o 'enfermo'.

Involucramente desapegado

Soltar juicios es más fácil cuando hay un poco de distancia. El simplemente mirar parece invitar a una mejor percepción, a incorporar más dentro de tu alcance. Invita a la pregunta: ¿Qué diantres pudiera ser la función del comportamiento del cual somos testigo? Lo que es más, también tu participación es esencial: ¿Qué observas en la otra persona, qué notas acerca de ti mismo, qué pensamientos, sentimientos emergen de manera involuntaria? Solamente con abrirte a este sistema y establecer un contacto real, pudiera aparecer información pertinente del sistema. 'Sin enjuiciar' no se degenera en una actitud distante o en un análisis.

Es como estar parado al borde de un río con un pie en la orilla y el otro en el agua, comprobando la fuerza de la corriente y su temperatura. No saltas al río, porque entonces te llevaría la corriente, pero tampoco no sólo estás parado en un lado, contemplando cuál curso tomar.

Parcialidad multilateral

El involucramiento desapegado despeja el camino para que tú, como consultor, tomes tu lugar con actitud de parcialidad multilateral. Este concepto es diferente de imparcialidad o mantenerte aparte. Significa permitir que se evaporen tus juicios y ponerte completo en el lugar de cada uno de los grupos involucrados. Tan pronto como seas, y mientras tengas una actitud crítica, no puedes conectarte íntegro y abierto con todos los partidos, todos los lugares y con lo que quiere expresarse. Con tu actitud de parcialidad multilateral te puedes conectar contigo mismo, con una disposición alternada y continua, con todos los demás y con todo. Es común que notes que esto admite por entero nuevas perspectivas y conocimientos. En ocasiones, con solo compartirlo con los miembros del sistema ya es en sí suficiente, dándoles un punto de partida para que miren, vean y actúen diferente. No es importante que sean parciales; eso es, sencillamente, porque son parte.

"No tendríamos ningún problema si todos los del Departamento 'A' trabajaran más duro", dice el director. El consultor revisa: "¿Se les debe culpar a los trabajadores en 'A' por las cosas que salen mal?" El director asiente. Ante lo cual reacciona el consultor: "Sí, podría verlo desde esa perspectiva." Y después de unos segundos: "Y también tengo otro punto de vista. ¿Quiere que le diga cuál es?" "Sí, por supuesto" dice el director. Entonces la consultora le comenta que observando sin ningún juicio, únicamente ve a un departamento haciendo las cosas con procedimientos diferentes que los otros. Es decir: los otros departamentos lo hacen diferente a como lo hace 'A'. Le surge esta pregunta: ¿Durante cuánto tiempo ha sido este el caso?" Ėl director menciona un período de reorganización donde, al final, entró un nuevo gerente y se apretaron las riendas. "Todo se había relajado demasiado."

Eso suscitó dos observaciones de la consultora: "Si se les quita a las personas algo con lo cual les encantaría quedarse, entonces es bastante entendible que refunfuñen. Podría ser de ayuda si les deja saber que entiende que no es tan divertido para ellos ahora y que, no obstante, las cosas necesitan hacerse de otro modo. En el nivel sistémico, bien pudiera ser que una parte – 'A', en este caso – está reaccionando al no ser reconocida por lo que ha aportado. Sobre todo cuando cada mención acerca del gerente anterior es negativa. Cuando ambos, el gerente anterior y la forma relajada de trabajar pueden ser reconocidos por lo que contribuyeron, pudiera ser posible que el departamento acate las reglas nuevas. A propósito ¿tiene usted alguna idea del valor del comportamiento relajado para el sistema? ¿A qué contribuyó?"

Tras una breve pausa el director dijo que es un departamento donde la gente estaba muy dispuesta a responder a problemas urgentes de los clientes y era algo que se necesitaba mucho debido a la naturaleza de los clientes de la compañía en ese momento.

"Si sistémicamente, nada está llamando la atención, entonces el sistema puede avanzar, sin trabas hacia el futuro y hacer lo que se requiera hacer. Si pareciera que no puede, entonces tal vez haya algo más que necesita atención. Es probable, que los que están en el departamento sepan más de lo que creemos."

Lugar temporal

Una tarea común para un gerente es dirigir a las personas. Él necesita encontrar un buen empate entre lo que necesita la organización, lo que puede ofrecer un empleado y lo que él cree se necesita. Muchos asuntos que terminan en las manos de consultores, entrenadores y coaches son acerca de estos ajustes. Como resultado, el consultor puede fácilmente llegar a – o caer en – el dominio del director; te conviertes en una parte de su sistema.

Tú necesitas un lugar apropiado, claro desde donde puedas trabajar al servicio del todo. Un lugar donde tú, sin juicios, y con una parcialidad multilateral puedas estar y actuar. Involucrado, pero a una distancia segura y saludable. El mejor lugar para hacerlo es una plaza temporal, fuera del sistema.

Desde ahí puedes respetar y empoderar al propio orden del sistema. Esto exige que siempre sepas y tomes tu propio lugar modesto y temporal, desde donde percibes las responsabilidades que vienen con todos los lugares en la organización. ¿Con que frecuencia descubres que te piden que hagas lo que el gerente no puede o no hace? ¿Qué tan fácil puede suceder que debilitas al gerente al hacer su trabajo por él? ¿Qué mensaje da el equipo cuando con calidez aprecian al consultor externo que los entiende muy bien y que facilitó el proceso con un proceder tan bello? ¡Qué su gerente no los entiende ni apoya! Y, ¿qué está 'diciendo' el consultor cuando acepta este agradecimiento? ¡Qué en efecto, él es mejor que el gerente!

Tu tarea es explorar, para poder encontrar lo que debilita al sistema. Tan pronto comiences a clarificar qué es lo que podría estar sucediendo, con qué pudiera estar relacionado el síntoma, o en cuanto toma forma la dirección necesaria, es momento que tú te retires. Ayudar desde lo sistémico es ayudar mientras se pasa de largo. Caminas a su lado durante un breve tiempo y lo dejas, confiando que el sistema va a continuar bajo su propio poder. Cuán difícil es tomar este lugar sin pretensiones. ¿Cuántos consultores, entrenadores, coaches y gerentes interinos buscan secretamente aplausos en reconocimiento de su contribución experta? Y en vez de eso, ¿cómo es explorar dentro de ti y ver lo que en realidad te mueve a tomar el lugar de uno que sabe lo que es mejor?

Se te ha pedido que apoyes a un equipo y te dicen los empleados, en confidencia, lo que piensan de su director. Antes de que te des cuenta, te has convertido en su consejero y ya no eres parcialmente multilateral: miras al director a través de la mirada de los miembros del equipo. ¿Cómo en el cielo puedes ahora ayudar a todos los involucrados a juntos construir un puente? Y para agravar la situación, es muy probable que los debilites al escucharlos uno por uno – recopilando información con la cual no puedas hacer nada útil con ella. Te colocas en la posición del 'hermano' mayor y del más fuerte de quien esperan arreglará sus problemas por ellos. Cómo sería decir: "Únicamente me pueden comentar lo que se me permita compartir con todo el equipo, incluyendo al director. Todo lo demás crea una barrera entre ustedes y yo y me otorga un lugar en el equipo que es inadecuado y demasiado importante."

Acción restringida

Si, como consejero externo, haces lo que se necesita hacer por otros dentro del sistema, oscureces los síntomas al activamente meterte e intervenir. De este modo, ya no es posible ver de dónde se originan los síntomas o a qué sirven. Antes de que te des cuenta, el sistema se hace dependiente de ti, u otros como tú, e impides que la auto-regulación haga su trabajo. Tu aportación debería estar restringida: no tanto entrar al sistema de alguien más, sino sólo facilitar para la otra persona, como si él mismo fuera un extraño. Ayudarle a mirar a su propio sistema y el lugar que toma dentro de él; a cierta distancia y sin emitir juicios. Así, se pueden aclarar las pautas repetitivas y la organización tiene la oportunidad de aprender a mirar a los fenómenos con una cualidad distinta.

Esta restricción surge al darse cuenta que tu mayor aportación es que tú, al mirar desde la distancia, eres capaz de ver los patrones recurrentes. Que, a través de tu involucrarte, puedes explicar lo que te pasa a ti, de lo que te haces consciente cuando haces contacto con la organización. Durante un poco de tiempo caminas junto a las personas en la organización, permitiéndoles que sientan tu confianza que cada uno tomará su lugar y se hará cargo de su responsabilidad. Si no lo hacen, entonces este es sólo un síntoma que será explorado con el mismo procedimiento abierto y sin ningún juicio. Si esto surge fuera de lo que te asignaron, entonces no lo haces. A veces las cosas necesitan empeorarse antes de mejorarse (proverbio chino). En ocaciones es inevitable que el sistema reaccionará con vigor, en términos de los síntomas que manifiesta, antes de que los miembros del sistema escuchen lo que tiene qué decirles. El consultor que no quiere ayudar es la mejor ayuda que un sistema puede conseguir.

¡Auxilio!

Por general, antes de que te llamen para ayudar, mucho ya ha sucedido en la organización. Han establecido el problema, lo han discutido, a menudo bastante y han tratado de resolverlo. En realidad, tienes suerte si te piden que entres y veas lo que realmente está sucediendo. Es mucho más complicado si te dicen: "Este es el problema. Esto es lo que, más o menos, creemos que necesitas hacer... y tres semanas deberían ser suficientes." De hecho sucedió y la respuesta del consultante fue: "Gracias por invitarme y haber puesto su confianza en mí. Creo entender la tarea. Así lo abordo: ¿cómo pueden todos ustedes beneficiarse con lo que voy a hacer?" ¿Lo podemos discutir?" Esto dio pie a un debate acerca de cómo una intervención restringida del consultor permitiría al sistema recobrar su fortaleza. El resultado fue que el director del departamento tomó debidamente su posición apoyado por tres sesiones de una hora cada una con el consultor. El director descubrió que él podía hacer el trabajo. Tal vez no en tres semanas y no según el plan predeterminado, pero desde la fuerza de su propio puesto. Y se ganó el respeto de su departamento

Después, el consultor se dio cuenta de que se sentía bastante satisfecho de sí mismo. ¡Cuán diestro era en transformar una pregunta común en una propuesta sistémica! ¿Qué hubiesen hecho sin su pericia? Se dio cuenta que al pensar así se estaba colocando por encima del sistema. Una vez más, se enfrentó con el hecho de cuán difícil es sólo quedarte en tu lugar.

Descarrilamiento sistémico

No siempre es fácil quedarse en el circuito sistémico, el siempre observar y reaccionar desde esta actitud abierta, imparcial. De seguro sabrás cuándo la has hecho a un lado, al comenzar a apresurarte, emocionarte, pensando que sabes la solución o juzgas a las personas o a las situaciones. O al empezar a responder a los incidentes o a los síntomas, sin prestar atención al panorama más grande hacia el cual ellos están señalando. Si te descubres queriendo resolver cosas, con toda certeza, ya no estás trabajando desde lo sistémico. Entre más te sientas que eres el experto respecto al contenido, o te crees mejor que las personas interesadas, más difícil es, si no imposible, que intervengas sistémicamente hablando. Y si esto llegara a sucederte, serias capaz de preguntarte, sin juicios: "¿A que le estoy siendo leal cuando me comporto así?" ¿Eres leal a tu entrenamiento profesional? ¿Le estás siendo fiel a tu rol como el que ayuda en tu sistema familiar? El mirarte sin enjuiciarte abre la posibilidad de mirar a otros de la misma manera.

Conocimiento aplicado

- o ¿Dónde comenzar?
- o Reconociener el origen
- o Con un ojo para la historia
- o Pertenecer y ya no pertenecer más
- o Cada quién en su propio lugar dentro del orden
- o ¿Dinámicas grupales o dinámica de sistemas?

En el capítulo tres elaboramos sobre las cinco necesidades sistémicas fundamentales que necesitan ser satisfechas para poder permitir que una organización funcione completamente. Cuando se te pida ayudar (a una parte de) una organización, tu interés debería incluir qué tan bien se están cumpliendo estas necesidades. ¿Pudiera estar la evolución de los problemas o de los síntomas relacionado con uno o más de ellos? En esta parte, enfrentamos la pregunta de cómo puedes tú aplicar tu conocimiento de los sistemas organizacionales en tu trabajo diario.

¿Dónde comenzar?

Ahí estás, sentado con el cliente, con todo este conocimiento sistémico en tu cabeza. Demasiadas preguntas por hacer, demasiados elementos por explorar y tanto que entra a tu conciencia que te puede marear. Sin embargo, pareciera haber un orden entre las necesidades fundamentales que pudieran guiarte en explorar una duda organizacional.

Cuando está claro de dónde la organización, o esa parte de la organización en la cual te estás enfocando, viene – su origen e historia – y todo lo que está ahí se está mirando y reconociendo, esto constituye la base para el ahora. Esta es la razón por la cual empezamos por investigar esa base.

El siguiente paso: ¿está claro quién y qué pertenece en este momento, lo que los conecta uno con el otro y la raison d'être de la organización? La claridad respecto dónde perteneces, cuando está basado en hechos, crea seguridad y tranquilidad; entonces no necesitas tratar de pertenecer frenéticamente en algún lugar. En apariencia, el 'pertenecer' es una necesidad fundamental que le da fuerza y poder a los sistemas y a sus partes. Así... ¿Cuáles son los subsistemas y cómo están incrustados en el todo mayor?

Una vez que están claramente entendidos los subsistemas – por ejemplo, los departamentos o los clientes – y también sus razones para existir, entonces el momento es el adecuado para traer claridad al orden entre todas las partes. Cada uno tomando su lugar legítimo en el todo le da fortaleza y energía, tanto al todo como a las partes.

Cuando constantemente las partes no quieren restablecer el equilibrio correcto entre ellas mismas, esto constituye, la mayoría de las veces, un síntoma. Por regla general, es una señal de que una o más de las necesidades fundamentales no están siendo satisfechas, o aún no se satisfacen, o ya no se van a satisfacer.

Cuando cambios o eventos se encubren – una negación de la 'historia' – esto inmediatamente tiene un efecto en la pertenencia. Es difícil conectarse al momento actual cuando la conexión con el origen y el pasado (de la función, del departamento, de la organización) se están debilitando. Los niños adoptados viven un problema similar cuando no se les permite o no son capaces de reconocer su origen. Pasa lo mismo con las fusiones, cuando los nombres y los logotipos de las empresas que las constituyen tienen que desaparecer y deben olvidarse tan pronto como sea posible.
El pasado proporciona la base en la cual el ahora descansa. Esto puede y debe verse.

Cuando no está claro donde pertenece una persona, se muestra en el nivel del orden. Es una tensión bien conocida para los dirigentes de equipo de los trabajadores o de los supervisores; no pertenecen completamente a sus colegas, pero tampoco a la administración. A menudo pelean por un lugar claro en el orden, con una escala correspondiente de salario y un nombramiento de la función. Puesto que la pertenencia y, como resultado de ello, el lugar en el orden es tan vago, cosas como el tipo de auto de la compañía, sueldos y privilegios se convierten en algo muy importante; todo esto pertenece en el dominio del equilibrio entre el tomar y el dar.

Un orden confuso produce un comportamiento que está en efecto, pidiendo la claridad necesaria respecto al orden. Esto perturba gravemente el equilibrio entre la gente afectada por un orden confuso.

Parece ser que una escasez en el área de una de las necesidades fundamentales tendrá, al final, siempre repercusiones en el equilibrio del tomar y dar. Pero no es ahí, en ese balance, que la sanación del sistema tendrá lugar. Esta es la razón por la cual, antes que nada, lo que necesita ser explorado es qué le sucedió a las otras necesidades básicas: ¿dónde se origina la alteración del equilibrio?

Se requiere de valor y agallas para no seguir la definición del problema que se te presenta. Lo que pudiera ser de ayuda aquí es ver que, si el problema fuera tan claro, ya se hubiese encontrado la solución y no te hubiesen necesitado a ti. Al parecer, no es así de fácil. Sobre todo, tu valor agregado es, que tú analizas con mayor detenimiento y de otro modo.

Entregas tu aportación en contacto directo con los representantes de la organización. Ellos son los que tienen que llegar a conclusiones y tomar acción. Convierte al proceso en una expedición de exploración común donde miran juntos hacia la dirección que muestra la brújula. Una vez que no hay ninguna duda, el consultor se va, dejando, con el cliente, la brújula y la dirección que muestra.

Para resumir: el orden de la exploración es un proceso de primero alejarse y después acercarse (como si se enfocara la cámara para sacar una fotografía). Cuando la razón para llegar a ser, el origen y la historia se ven y se reconocen, cuando es claro quién y qué pertenece y lo que cada uno aporta al todo, cuando el orden entre las partes está claro, huelga decir que verás el equilibrio correcto entre las partes de tomar y dar. Y, cuando todo esto esté en su lugar y aún hay alteraciones en el equilibrio de tomar y dar, entonces, suele suceder que fácilmente se resuelve por los mismos miembros del sistema, pues los problemas no son a nivel sistémico.

Para ilustrar esto, a continuación una exploración sistémica de algunas preguntas organizacionales relacionadas a los cinco necesidades fundamentales.

Reconocer el origen

¿Por qué ya no nos llevamos bien?

Una agencia de entrenamiento pidió ayuda. La conexión entre los socios, quienes también eran los fundadores, existía y al mismo tiempo no existía. Ya habían intentado todo tipo de intervenciones, pero pareciera que la energía no quería fluir cuando estaban reunidos. Todos tenían la tendencia a cancelar o a acortar sus reuniones. Ya habían intentado variaciones en los procedimientos, tiempos, lugares, quién dirigía y la frecuencia de sus juntas; todo en vano.

Estaban pidiendo ayuda; ¡algo tenía qué cambiar! Mientras tanto los socios habían llegado al punto donde sería un alivio si el consultor externo les dijera que ya no era posible que se reunieran de forma placentera e inspiradora.

El consultor, en búsqueda de algo más grande, optó por no profundizar en lo de sus reuniones. No emitió juicios (ya tenían suficientes). Empezó preguntando cómo habían iniciado todo, qué los conectó en ese entonces, por qué habían querido empezar este negocio juntos, cuáles eran sus anhelos, sus ideales.

Durante esta conversación se les cayó la venda de los ojos. Al comienzo, un valor compartido especialmente importante era ser independiente uno de otro (sobre todo en lo económico); tener la libertad de trabajar cada quien con su estilo, de crecer a su modo. Cómo eran leales a estos valores, al permitir el fluir en sus reuniones sólo cuando estaban enfocados en un nuevo proyecto, pero no cuando discutían asuntos normales operacionales. También se sorprendieron bastante, que su punto original de partida seguía guiándolos. Y de hecho, tan pronto como lo miraron de esa manera, fueron capaces de soltar sus juicios acerca de eso. Decidieron limitar las juntas operacionales a un mínimo, haciendo que fueran lo más corto posible y permitir que ocurrieran reuniones organizadas de manera espontánea, donde sería la pregunta de un cliente el motivo para reunirse y de inspirarse uno al otro como profesionales. Reconociendo lo que es, sin hacer juicio, y volviendo a visitar sus orígenes puso las llaves otra vez en las manos de este equipo.

Con un ojo para la historia

La adquisición

Un director se quejaba acerca de lo que él denominaba un interminable refunfuñar en su compañía: Debe parar; estoy harto. Crea frialdad y distancia hacia mí. He despedido a dos personas pero eso no ha ayudado.
El consultor vio las emociones del director. Parecía lastimado, sus buenas intenciones malinterpretadas. Surgió una pregunta interior: ¿Quién más se siente lastimado? ¿No entendido?

Preguntó el consultor acerca de cómo nació la firma y qué había sucedido desde entonces. El director: "Nosotros, una firma mucho más grande alemana tomamos posesión de una compañía holandesa de software. A los holandeses no les gustó eso. Todo empeoró cuando encarcelaron al fundador de nuestro negocio... por fraude. Como director tanto de la compañía alemana como de la holandesa, les dije a los empleados holandeses: Deberían estar encantados que se les adquirió; dentro de un par de años ya no hubiesen existido" Y les explicó que había marcado una clara distancia entre él y el fundador.

Respondió el consultor: Por lo visto, la firma holandesa era un candidato atractivo para la adquisición, por cualquiera que fuese el motivo. Parece que se ha olvidado este hecho durante toda esta supuesta molestia. Si los empleados no hubiesen convertido la firma holandesa en lo que era, 'Alemania' nunca hubiera considerado empezar el proceso de adquisición. Me puedo imaginar que se sienten ofendidos y hasta que se comportan como niños obstinados. Quizá puedes traer paz y quietud otra vez dándoles la apreciación que se merecen. Literalmente sería cierto si dijeras: Si ustedes no hubiesen existido, no los hubiéramos podido adquirir. Gracias por lo que hicieron"

Con respecto al fundador, dijo el consultor: "Parece como si ha sido borrado de la historia de la compañía. Si eso es lo único que hace la compañía con él, es negar que sea a él a quien le tienen que agradecer su existencia. Como fundador merece un lugar, como persona que cometió un fraude no tiene ningún lugar. Esta distinción es importante."

Dos meses después:
En la oficina del director alemán están tres fotografías de momentos extraordinarios en la historia de la compañía holandesa. Recuperado de la bodega, acomodado en una mesa, está el logotipo original de la compañía holandesa, junto al de la nueva compañía alemana.

Pertenecer y ya no pertenecer mas

El lugar de fundador

La fundadora/dueña ha vendido su compañía. Recibirá una porción de las ganancias durante un número específico de años, pero ya no hay un lugar para ella. La pregunta del nuevo dueño es: "¿Cómo debo tratar a la fundadora? Tiene la costumbre de llegar; aún está en contacto con algunos de los empleados y, por supuesto, conversan con ella acerca de la compañía. No me siento con libertad de hacer mi trabajo aquí. Los trabajadores se sienten incómodos cuando siguen mis indicaciones, porque no es la misma línea de la fundadora. Para decirlo brevemente: ¿Cómo puedo liberarme de la fundadora y llevar el negocio hacia una nueva dirección, sin un conflicto enorme con la fundadora o con algunos del personal?"

El consultor: "El movimiento de tus manos habla a gritos; haces gestos de barrer. Pareciera que más bien quisieras deshacerte de ella. Si estoy en lo correcto, ella está de algún modo aún dentro de la compañía." Pareciera que la fundadora (y la compañía) viven medio en la nueva situación y medio en la vieja. Seguramente hubo un adiós, pero, ¿tiene ella un lugar (permanente) de fundadora? Ella pertenece indisolublemente a la compañía, ya no como la propietaria, pero para siempre como la fundadora. ¿Ha habido un evento o una ceremonia donde se le dio un lugar para decirle que ahora pertenece a la firma sólo como la fundadora, ya no como la jefa? Cómo sería agradecerle: ¡"Sin usted, este negocio no hubiese existido"! Y después decirle: "Por favor, permítame sacar el negocio adelante a mi manera, desde las bases que usted asentó. Y en la distancia, véame con buenos ojos, aun cuando lo haga diferente..."

Inmediatamente se hizo visible un alivio en el nuevo dueño. Ya no necesitaba expulsar bruscamente a la fundadora ni prohibirles a sus empleados que se mantuvieran en contacto con ella. El podía darle un lugar consciente en este sistema, el lugar conectado con su origen y la historia. De inmediato tuvo ideas de cómo la compañía podía honrar a esta dama como su fundadora y constructora. ¿Quizá un cuadro en la pared con su visión acerca de la profesión? Sin ninguna duda, esto fortalecería y sería motivo de inspiración para la empresa.

Cada quien en su propio lugar dentro del orden

El lugar que poco a poco desapareció

Un director pidió ayuda a un consultor porque se reportó comportamiento intimidante en su división. Durante la conversación, se puso en claro que los empleados se habían acercado a él personalmente con una queja acerca de sus líderes de equipo.

El consultor: "¿Qué te dice eso? Al venir directamente a ti obviaron a su propio líder de equipo, así como al director de los líderes de equipos. ¿Qué pasa aquí con el orden? Buscando la razón para ese comportamiento el consultor y el director echan una mirada retrospectiva. No a los individuos, sino a los hechos: ¿Qué ha sucedido con la estructura, con las funciones? Observan que todos los líderes de equipo han trabajado en esta división durante mucho tiempo. Todos son muy competentes. Mirando hacia atrás también se ve con claridad que ellos han estado haciendo la función de líder de equipo durante muchos años. Pudiera ser que esto es lo que más irrita al director, es precisamente de estas personas que espera un buen ejemplo. Pero... la función de líder de equipo va a ser descontinuada. Todos lo han sabido cuando menos desde hace un año. Cuando se van los líderes de equipo, no son reemplazados. Sin embargo, se supone que aún así los miembros del equipo tienen que hacer este trabajo. Contribuyen a las entrevistas de evaluación, presiden las discusiones acerca del progreso en el trabajo y hacen la programación. Están a cargo de las operaciones diarias.

El consultor: "¿Dónde pertenece toda esta gente?" El director: "No pertenecen ni a la administración o al grupo..." "¿Qué va a suceder cuando desparezca la función?" El director: "Entonces sólo serán miembros ordinarios del equipo." "¿Es realista suponer que tanto los miembros como el líder del equipo se comportaran como si, de repente, fueran iguales? ¿Cómo pueden borrar su historia, donde uno decidía acerca del salario del otro?" El director se queda absorto en sus pensamientos.

Regresemos a la causa de esta conversación. El comportamiento intimidante consistía en todo tipo de comentarios bruscos y órdenes de los líderes de equipo, que era obvio para todos, que ellos son los que tienen el control y jalan las cuerdas. De repente el director ve la conexión. Esta es su manera de dejar muy claro que su lugar, entre los directivos y los empleados, no puede evaporarse así nada más porque sí. El consultor: "Parece ser que tenemos víctimas aquí que están pidiendo atención."

Entonces examinan cómo el director puede reconocer lo que los líderes de equipo han aportado durante tantos años y poner límites a su comportamiento. En seguida analizan el asunto complicado de dónde la ley laboral y el punto de vista sistémico se contradicen: ¿aún hay, en algún lugar en el sistema, un lugar adecuado para los líderes de equipo?

¿Dinámicas grupales o dinámica de sistemas?

Donde las dinámicas grupales son un asunto de constantemente llamar la atención, con frecuencia, en realidad, es una cuestión de dinámica de sistemas.

Las dinámicas grupales son las acciones combinadas de diferentes personas que generalmente tienen el deseo o la necesidad de cooperar. En ocasiones, la fricción entre

miembros del equipo puede impactar de manera negativa al equipo. Entonces, las intervenciones a nivel de las dinámicas grupales son adecuadas. Estas pudieran tomar la cualidad de expresar expectativas, limpiar viejas heridas, clarificar empleos y responsabilidades, conocer los puntos débiles de cada uno y saber qué mueve a los individuos. Cuando esta propuesta no conduce al resultado deseado, es bastante probable que no tenga que ver con el grupo, se trata de dinámica de sistemas.

La dinámica de sistemas se manifiesta en el comportamiento de la gente. Ese es el motivo por el cual, a primera vista, podría parecer que algo está mal con cierto individuo. "A él es al que hay que culpar", o con una combinación de individuos: "Nomás no se llevan bien entre ellos." Pero a menudo la gente muestra algo que no es de ellos, pero que pertenece al sistema. Sólo son mensajeros, dando la señal de que algo dentro del sistema está pidiendo atención. Un ejemplo: durante varios años ha habido mucho escándalo acerca de la imprecisión del rol del gerente. Ahora eres el nuevo gerente y habías esperado encontrarte con algunos problemas en el principio. Sin embargo, en este caso, ni es tu culpa ni la culpa del gerente anterior. La razón es el lugar que la posición gerencial ocupa en el todo. Mientras nada cambie ahí, cada gerente nuevo nombrado a este puesto va a tener dificultades.

Si las personas ya no invierten uno en el otro, o invierten de una forma equivocada o desagradable, se está perturbando el equilibrio en el tomar y dar. Con frecuencia la tendencia principal es interpretarlos como algo personal. Cuando las intervenciones normales hechas por un gerente resultan ser insuficientes, primero que nada, deberíamos ver si el sistema esta 'en orden'. Un sistema vital y poderoso tiene una inmensa capacidad de regularse y restaurarse a sí mismo. El pedir una intervención de dinámica grupal debería inmediatamente sonar una alarma: ¿Qué está impidiéndole al sistema que se auto-regule? ¿Qué evita que el gerente organice el proceso grupal del equipo de modo saludable?

El curso de acción

- o Alejarse (Zooming out)
- o Enfocado en las funciones y los lugares
- o Los hechos: la fuerza sanadora de la realidad
- o El darse cuenta como un recurso extra

Desde tu actitud sistémica, teniendo presente tu conocimiento acerca de las cinco necesidades fundamentales sistémicas, te dispones a trabajar. En seguida describimos procedimientos típicos que son característicos de la propuesta sistémica a situaciones o temas en las organizaciones.

Alejarse (Zooming out)

El consultor sistémico ha cambiado su microscopio y su lupa por una cámara con lentes de ojo de pez. El trabajar con el método sistémico exige el alejarse (zooming out). Los temas tienden a estar en el aquí y en el ahora, pero tu atención también incluye al pasado. ¿El asunto es con una parte? Prestas atención al todo.

Tierra Google

Así como Tierra Google, entre más te alejes, más puedes ver el panorama completo. Cuando se utiliza este programa para mirar a La Haya, puedes elegir ver la playa y el mar o no verlos. Y eso marca la diferencia en entender cómo es que el tráfico fluirá en esa área.

Comienzas echando la mirada hacia atrás desde lo actual a lo que era en un principio y desde la parte al todo mayor. En ambos casos te estás alejando (zooming out). Al hacerlo así, estás invitando al director a que mire igual, guiados por el tipo de preguntas con las cuales ahora es posible que te sientas familiarizado. ¿Reconoces pautas repetitivas del pasado o que estén ocurriendo en otros lugares en la organización? ¿Tienen los miembros del equipo su lugar propio, correcto? ¿Saben cuál es su derecho a existir? ¿Cambió eso con el tiempo? Por medio de este procedimiento gradual es posible que llegues al lugar donde el sistema colocó una bandera roja. Esta clase de exploración de inmediato pone las herramientas en las manos de aquellos responsables para reforzar al sistema. La mayoría de los directores son excelentes en clarificar lugares y puestos sin ninguna ayuda, son muy capaces de reconocer lo que ha sucedido y de relacionar la razón real para existir con la razón original para haberse creado.

Zooming out

El tema de la reunión introductoria, con la directora y el gerente del departamento, es acerca de organizar un día para fomentar la colaboración en el departamento. Ahí, las personas trabajan demasiado individualmente y cooperan muy poco: hay dieciséis personas cumpliendo doce funciones.

El consultor, intrigado por la diferencia entre el número de personas y las funciones, no profundiza en el detalle de la (no) cooperación, sino que le pregunta a la cabeza del departamento: "¿Qué es lo que los une?" Para el consultor, parece ser más su entusiasmo personal que el contenido de su trabajo.

El consultor curioso acerca de posibles patrones recurrentes, engrandece el tema preguntándole a la directora: "Lo que ve sucediendo en su departamento, ¿observa algo similar en los otros departamentos donde usted es directora?" Pero ese no es el caso.

Ella comenta casualmente que conoce a la mayoría de los integrantes del departamento desde hace bastante tiempo, pero sólo ha sido su jefa durante un par de años.

El consultor: "¿Dónde pertenecían antes de este cambio, cuál era su lugar?" Durante un período de ocho años, el departamento se ubicó en cinco lugares diferentes. Cada cambio también estuvo acompañado de un cambio de gerente.

Dándose cuenta que está respirando desde la parte superior de su pecho, como si un globo estuviera intentando levantarlo de la silla, el consultante dice lo que de repente se le ocurrió: "Durante bastante tiempo, el departamento no tenía un lugar estable; como si estuviese flotando sin rumbo. Dado que las funciones llevadas a cabo por el departamento son bastante diversas, ¿Dónde pertenece en realidad el departamento? ¿Y si usted trabaja ahí, dónde es su base, dónde está la matriz?"
El consultor le pregunta a la directora: "¿Está usted feliz con este departamento, con lo que hace y con lo que ofrece? ¿En realidad pertenece a su dominio, a su área de responsabilidad? Si es así, entonces es usted quien le puede dar al departamento su lugar. Si no, entonces haga su mejor esfuerzo para encontrar un lugar adecuado para el departamento, o ¡ciérrelo"!   Fue interesante ver cómo el gerente absorto, miraba fijamente a la directora, quien dijo: "Lo siento; no sé qué hacer con este departamento. Por el momento, es lo que es."

El consultor notó que el gerente dejó salir un suspiro de alivio el momento en que la directora claramente tomó su lugar. Por casualidad, había creado claridad de lo confuso.

El consultor a la directora: ¿"Qué opina? Sugiero que el jefe del departamento organice una sesión con su equipo alrededor de este tema: ¿Cuál es mi historia en esta organización y en este departamento y cuál es mi lugar aquí? – en vez de enfocarse en lograr que cooperen más." Inmediatamente el gerente está de acuerdo; la directora también piensa que es una buena idea. El consultor ayuda con preparar la sesión.

Enfocado en las funciones y los lugares

En la consultoría sistémica te enfocas en los lugares (plazas, puestos) y las funciones, no en las personas quien 'accidentalmente' ocupa esos lugares en ese momento. Hablando desde lo sistémico, la persona no es importante; lo que sí importa es el puesto (que se le da a alguien) y lo que ese lugar aporta al todo. En seguida, miras las conexiones y los patrones recurrentes entre esos lugares y las funciones. Por ejemplo, entre los diversos departamentos y entre la organización y su entorno: sus clientes ya sean de servicios o de productos, financiadores, proveedores, etc. También miras la historia real de las funciones, los departamentos y de la organización como un todo. No te enfocas en los sentimientos, o en la gente, que por azar ahora está en esos puestos. Esta es una diferencia importante entre trabajar de forma sistémica y trabajar según los principios de las dinámicas grupales.

A menudo es más importante desde qué lugar hablas, que las palabras que dices. Cuando alguien comenta cosas que no encajan con su lugar, tendemos a encogernos los hombros o nos sonreímos, pensando: ¿"Quién te crees que eres para decir eso? Te queda grande el traje." Por ejemplo, el niño que les dice a sus padres que ya es hora de que se vayan a dormir, o la persona de intendencia dando su opinión de que se deben reemplazar las computadoras.
Sólo lo que se dice desde la función adecuada, lo cual significa desde el lugar acertado, cuenta. Aun cuando, en relación al contenido, no sea una afirmación fuerte. Cuando un primer ministro decide que dos ministerios tienen que fusionarse, entonces sucederá porque él habló desde el cargo apropiado. Normalmente no es debido a una consolidación natural e inevitable.

Como consultor sistémico, prefieres hablar en términos de funciones: el director, el departamento de investigación, la cabeza del departamento, el grupo consumidor 'A', etc. Con un proceder consciente evitas utilizar los nombres de las personas, para poder quedarte fuera del campo de lo personal. Este enfoque hace que las pautas repetitivas sean más visibles.

Ellos y nosotros

Veamos a una función de servicios de soporte general en una compañía grande. Consistía de dos departamentos, cada uno con su propio gerente. Uno operaba en el nivel central, negociando contractos con los proveedores (de seguridad, servicio de comedor, mobiliario de la oficina, plantas, máquinas de café, etc.). El otro a nivel local se encargaba de los ajustes en la oferta y la demanda. Hasta donde alcanzaban a recordar, los dos departamentos no podían llevarse bien entre ellos. Lo que era bastante extraordinario – según la plática preliminar con los dos gerentes – era que todos hacían clic uno con otro a nivel personal. Sabían cómo encontrarse y hacer que las cosas funcionaran. Pero tan pronto se convertía en un procedimiento más formal, se necesitaba mucha inversión en la relación personal para poder evitar problemas. Esta era una clara indicación de inmediatamente hacer a un lado el nivel personal. Los dos gerentes, junto con el consultor describieron la historia de sus departamentos. Esto evidenció que el equipo local existió mucho antes que el central. Hecho por hecho, apareció el patrón recurrente de que la energía y el enfoque se dirigía en aumento más hacia el equipo central. Desde esta percepción, no era de extrañarse que el equipo 'local' tuviera que resistir cualquier cosa que tuviera que ver con el 'central', porque el orden se había cambiado tan sigilosamente.

Se decidió tener una reunión con los dos equipos. ¡Fue un gran alivio para los miembros que no sería acerca de sus relaciones personales! Para empezar, los dos equipos pusieron en palabras la razón para la existencia de los servicios de soporte generales y técnicos – como un todo. En seguida, a los dos se les invitó a expresar cual fue su propia aportación única, y de dibujar, o traer a la escena, cómo se relacionaban en conjunto con el otro equipo y con los gerentes de los servicios. Esto trajo claridad y dio fortaleza; todos ahora conocían, una vez más, el propósito de los servicios y también se dieron cuenta en lo que consistían las aportaciones únicas tanto de su propio equipo como del otro. Asimismo, se aclaró el orden; se hizo evidente que el lugar del equipo central no estaba, por ningún motivo, por encima del equipo local. Era más que el equipo local pudiera señalarle al equipo 'central' cuáles marcos estructurales y contratos colectivos y centrales serían de valor y cuáles no. Esta era una buena base para continuar juntos.

Los hechos: la fuerza sanadora de la realidad

"La verdad es la que simplifica al mundo y no la que crea caos."

(Antoine de Saint-Exupéry)

La consultoría sistémica significa estar focalizado en los hechos. Al dejar las opiniones y los sentimientos como son, y al exponerte sólo a los hechos, se pueden empezar a aclarar los patrones recurrentes. Los hechos hacen desaparecer la carga emocional y crean alivio. Imagínate un departamento con un pasado turbulento y demasiados cabos sueltos. Como un fuego que arde, las heridas viejas se reactivan una y otra vez. A menudo, el proponer verlo, se recibe con la reacción inmediata: "Lo hemos hecho tantas veces; sólo queremos que se detenga; no queremos regresar a lo mismo otra vez. La última vez que lo hicimos, nos convirtieron en las ovejas negras. Se dañaron aún más las relaciones. ¡No fue eso suficiente"!

Por lo visto es práctica común mirar a lo que ya fue, en el aquí y el ahora, mientras nos toca revivir emociones y juicios 'viejos'. Toda esa frustración del pasado tiene a todos encarcelados, en un tiempo y en eventos que hace mucho sucedieron. No obstante, el pasado no puede ser reparado.

Nunca. Por lo tanto la energía no debería ir ahí. El pasado sólo puede ser reconocido y mirado a los ojos. Con eso basta. Mira los hechos y observa que causaron en verdad problemas a muchas personas. No es importante el quién, el qué, y el cómo. Por ejemplo, en ocasiones no había gerente y por lo tanto la gente tomaba ese rol, cuando no era ni su lugar ni su responsabilidad, y como resultado de ello, hacían las cosas mal. Eso es lo que es la historia. Y sistémicamente, no interesa cuál persona terminó en cuál rol. Reconocer que fuerzas mayores estaban interviniendo, con todo el mundo siendo un ´juguete´ de esas energías, con muy poca influencia, tiene un efecto de quitar culpas. Esta es la manera de reconocer que fue difícil para todos. Aporta espaciosidad y paz.

Cuando la realidad es demasiado dolorosa para ver

Después de reorganizar a las autoridades del gobierno local, el alcalde le dijo al consultor: "Él era superfluo, pero necesitábamos encontrar algo para él. Así lo nombramos Asesor General de Políticas. Sus reportes son bastante buenos. Pero nadie los lee y nadie escucha lo que dice."

El consultor: "Sí, eso es lo que sucede cuando se crea un puesto sólo para deshacerse de un problema. Parece que se creó la función sin que la autoridad local nueva lo necesitara."

El alcalde: "Pero no lo podíamos despedir; un hombre con tantas buenas cualidades."

El consultor: "Lo que hicieron es peor que haberlo despedido. Si no hay un lugar para él, no lo hay. Ese es un hecho. Y después necesita arreglar un adiós adecuado. Eso sería mejor para la organización y mejor para él."

Las intervenciones no sistémicas se hubiesen embrollado en la persona y sus cualidades como asesor y antes de que se dieran cuenta, lo hubiesen enviado a un curso para escribir reportes. O hubieran saltado a dinámicas grupales: "¿Por qué no lee tus reportes el jefe del Departamento B? Quizás necesiten los dos sentarse y discutir qué funciona entre ustedes dos y cómo pueden utilizarse mejor uno al otro." La intervención sistémica supone que intervenciones obvias, más comunes ya se han llevado a cabo – ajustando cuando alguien no funciona bien o clarificando expectativas y tareas – o han demostrado ser irrelevantes. Y entonces, es innecesario centrarse en eso. Intervenir sistémicamente te pide que 'desaprendas' el enfoque de explorar sentimientos individuales y aprendas a pedir hechos relacionados con el origen, la historia, la pertenencia y el orden.

El darse cuenta como un recurso extra

"Es únicamente con el corazón que uno puede ver correctamente; lo que es esencial es invisible para el ojo"

(Antoine de Saint –Exupéry)

La consultoría sistémica requiere estar muy consciente de tus propias percepciones. ¿Qué me sucede a mí cuando entro en contacto con este sistema, este edificio y estas personas?
Para poder estar al servicio de una organización adoptas una actitud completamente abierta, imparcial. No eres tú el que entra a la organización, sino la organización que entra a ti. ¿Qué es lo que entonces te pasa? ¿Qué, dentro de ti, entra a tu consciencia?

Entrando

Un edificio nuevo, grande. Pasillos altos, espacios grandes. Alberga muchos institutos de entrenamiento y universidades. Muchos colores, formas y materiales diferentes. Se siente como un mercado: un lugar por donde deambular, pero también por alguna razón, perdido. Me siento insignificante. ¿Cómo encuentro mi camino? No puedo evitar sentirme inseguro. Si me fuera a quedar sentado aquí todo el día, ¿vendría alguien, en la noche, y me diría: "Estamos cerrando ahora?"

Todas, verdaderamente todas las puertas tienen cerrojos fuertes. Tengo que empujar duro para abrir una puerta. Inmediatamente se cierra detrás de mí. Me doy cuenta, con un suspiro de alivio que no se cierra de golpe. En ningún lugar puedo ver una puerta abierta. ¿Quieren que me quede afuera? ¿O quieren ofrecerme seguridad y privacidad?

¿Soy alguien o no soy nadie aquí? Me percibo sintiéndome inseguro cuando me surge esta duda. Decido ser alguien, lo cual me hace caminar con vigor y certeza. Esto hace que me sienta mejor que mis alrededores. Um, tampoco era esa mi intención...

¿Acaso alguna parte de esto lo reconoceré en el problema que están a punto de hablar conmigo?

¿Qué me sucede a mí aquí?

Una sala de 30 x 15 metros, una esquina cubierta de sillas de colores. Este fue el lugar donde el cliente eligió para que nos conociéramos. Cinco pisos de espacio abierto.

¿Qué le pasa al consultor? Se siente inquieto. ¿Cómo puede encontrar su lugar en esta sala? ¿Acaso este tema de lugar y salón tal vez tenga que ver en otros lados? Tanto aire... ¿hay algo que necesite aire en esta organización? Cuando utilizas este espacio todos te pueden ver. ¿Hay algo que espera que se le preste atención? ¿Es la apertura aquí demasiado grande para que algo se atreva a mostrarse? ¿Debe verse todo aquí? ¿Cómo puedes encontrar protección aquí?

Durante la reunión el consultor preguntó, entre otras cosas: ¿"Es fácil o difícil mostrarte en esta organización? ¿Y se aprecia eso o acaso es mejor trabajar en silencio?" Reaccionó con sorpresa el cliente: "Esa es una buena pregunta, ¿qué hizo que la hiciera? Por un lado somos una organización muy transparente con gente de todas las profesiones y condiciones sociales. Todos pueden ver tu rango y por consiguiente, tu sueldo. Así es como te puedes mostrar. Pero más vale que no levantes la cabeza."

Exploración sistémica

- Los síntomas: una necesidad acuciante
- Los problemas son las soluciones
- Viendo más allá de los síntomas
- Mirando más de cerca a los síntomas

Cualquier comportamiento, cualquier pauta repetitiva que se queda como conducta persistente, tiene sentido para el sistema organizacional. Si no lo tuviera, hubiese desaparecido hace mucho tiempo, o una intervención ´ordinaria´ lo hubiese aliviado.

A menudo, la gente quiere deshacerse de dicho comportamiento porque tiene un costo atribuido a él. Pero antes de que pueda marcharse, debe entenderse su mensaje. Así pasa con tu osito de peluche favorito: lo vas a poder soltar cuando le mostraste a todos lo importante que ha sido para ti. Entonces lo puedes dejar atrás como un símbolo de momentos que ya pasaron. ¿Pero, cómo buscas las raíces sistémicas de los comportamientos y de los patrones recurrentes que, hasta el momento, sólo eran una carga?

Los síntomas: una necesidad acuciante

Lo repetiremos una vez más: un sistema vivo florece cuando está en sintonía con el mundo exterior y goza de suficiente salvedad para sus necesidades sistémicas de pertenencia (incluyendo el origen y la historia), de orden y de equilibrio en el tomar y dar. Si este no es el caso, entonces algo –

potencialmente peligroso – le sucede a los mecanismos de sobrevivencia del sistema. Entra en vigor la auto-regulación con soluciones que, por un lado dan una respuesta inmediata al problema actual y por el otro son un grito de auxilio – porque 'algo' está pidiendo atención. Vivimos esta súplica como un problema. Pero también lo puedes ver como el sistema que se está ayudando: una solución que nace de la necesidad de un principio sistémico que, de alguna manera, se ha descuidado. El síntoma está pidiendo atención para el principio que se descuidó. La solución está escondida en el síntoma. ¿Pero cómo la encontramos? De Matthias Varga von Kibéd viene el dicho: "El dolor de cabeza no es por falta de una aspirina."

Los problemas son las soluciones

El buscar la función del comportamiento indeseable en tu organización significa buscar su origen, su fuente. El reconocer que existe por una buena razón, genera la palabra clave para caminar la vereda correcta. Así como en algunos países puedes utilizar la autopista cuando compraste el pase que colocas en tu parabrisas delantero.

El resolver un problema nunca es una batalla en contra de algo. Siempre es ser respetuoso para lo que sirve este comportamiento humano en particular. Al mirar y reconocer la causa subyacente, el mismo comportamiento ya no tiene necesidad de estar tan presente. Después de todo, para el sistema, es sólo un indicador, sólo eso. Lo que se está viviendo como un problema, resulta ser una solución sistémica.

Aquellos que llevan la carga del problema en realidad necesitan tomar el tiempo para explorar que pudieran significar las señales. Es verdaderamente sorprendente cuán rápido unas cuantas preguntas y unos cuantos comentarios sistémicos buenos pueden guiarte al meollo del asunto a tratar.

Cuando las personas no se piden cuentas unas a otras, esto puede ser un proceder para evitar decir algo demasiado severo que pudiera dañar permanentemente las relaciones, o ser motivo de que una parte o todo el sistema se caiga a pedazos. Visto así, este síntoma prueba ser una buena solución para una situación al parecer, insegura. También, y de inmediato, proporciona herramientas para explorar su causa. Por ejemplo, ¿surgieron discusiones al pedirles cuentas a los colegas? ¿Se han lastimado a las personas, o se han roto relaciones? ¿Se derrumbó el equipo? Estos fenómenos bien pudieran ser el sistema que se está protegiendo a sí mismo de la siguiente separación. Otra pregunta que brinca es si el líder del equipo está tomando su lugar como guardián del todo. Cuando no lo hace, no hay una red de protección segura. Entonces es bastante entendible que la gente no tome riesgos de iniciar discusiones que pudieran terminar excluyéndola. No obstante el hecho de que hay un problema en el orden, y que el pasado todavía demanda atención, el síntoma de no pedirle cuentas al otro también es una solución. Asegura que el equipo siga siendo un equipo. El proporcionar entrenamiento en 'Cómo pedirle cuentas al otro' no daría una solución, porque la esencia del problema no puede resolverse aplicando las habilidades o técnicas.

Viendo más allá de los síntomas

- o Muchos de los problemas se expresan en términos de un balance perturbado en el tomar y dar.
- o La gente ya no invierte: recortes en el presupuesto, mentalidad de nueve a cinco; no toma responsabilidad; excluye; mentalidad de silo; cada quien para su propio santo, etc.
- o Las personas dan demasiado: se agotan; sienten que trabajan en exceso; asumen labores que no les corresponden a sus puestos, etc.
- o Toman demasiado: incapacidades, fraudes, robos, falsifican gastos; toman descansos prolongados, etc.

- Las personas 'dan' a través de actitudes negativas: chismes, acosos, críticas; agresiones, dicen sí y no hacen nada, etc.

Antes de que te des cuenta, estás metido hasta las narices, en asuntos individuales y lo que los mueve a hacer lo que hacen. Como ya se ha indicado, las necesidades fundamentales no satisfechas siempre se manifiestan en un equilibrio perturbado. Esta es exactamente la razón que una exploración sistémica de los síntomas no intenta llegar al fondo del balance trastornado entre los individuos o los departamentos, pero se enfoca en el origen, la historia, la pertenencia y el orden.

Por lo tanto... una primera pregunta podría ser:

- ¿Cuándo comenzó y qué fue lo que sucedió en este momento?

Conversaciones posteriores exploran cómo es que el síntoma está relacionado con la organización:

- ¿Se manifiesta exclusivamente el síntoma en esta parte, o podemos verlo en más áreas de la organización?
- ¿Sucedió algo similar antes?
- ¿Qué beneficio trae el síntoma; cuál es su valor, su función?
- ¿Qué se extrañaría, perdería si este problema, este síntoma ya no existiera? ¿Quién pagaría un precio?
- ¿Cuáles funciones o grupos cargan el peso ahora? ¿Quién se beneficia?

Cuando no han funcionado las intervenciones normales, a menudo sucede que con sólo explorar las necesidades sistémicas algo le resuena al cliente. Ocurre un silencio significativo, o empiezan a contar historias relevantes. Así, un síntoma persistente puede por fin mostrar lo que se interpone en el camino para transformar la buena voluntad de la gente y el compromiso personal en éxito.

Mirando más de cerca a algunos síntomas

A continuación algunos síntomas muy comunes, seguidos de preguntas sistémicas muy útiles que ayudan a identificar algunas direcciones hacia la solución. Hay muchas más de estas preguntas y comentarios de los que mencionamos aquí. Sólo queremos mostrar algunas posibles directrices, maneras en las que tal vez quieras pensar.

Las preguntas te invitan a buscar patrones recurrentes, pautas repetitivas sin emitir ningún juicio. Exploran el valor o la función de esos patrones, en el momento actual o en el pasado. Estas son preguntas que te llevan a tomar distancia (zooming out), y al hacerlo así, hacia una opinión diferente de las cosas.

Cultura de las Islas

Una compañía grande, sucursales en todo el país. Además de las sucursales locales y regionales, hay muchas unidades, departamentos y proyectos diferentes: la producción, lo técnico, la relación con los clientes, negocios internacionales, mantenimiento, etc. Algunas partes sufren lo que con frecuencia se denomina una cultura de isla. Otras partes mantienen activamente su estatus 'isla' y ven más ganancias que pérdidas al hacerla así.

- ¿Cuándo emergieron las islas? ¿Qué sucedía en ese momento?
- ¿Las islas aislados o existen grupos de islas?
- ¿Había conexiones entre (todas o algunas de) las islas en el pasado?
- ¿Qué se perdería por completo si los silos se convirtieran en uno grande entero?
- ¿Existe un todo? ¿Existen conexiones con el todo?
- ¿Qué conexiones son deseables? ¿Bajo qué condiciones podrían llegar a ser, a existir?

Disminuyendo las responsabilidades de uno

Es el día antes de Navidad y, en un asilo de ancianos, mientras está aspirando la alfombra, alguien del personal tumba la televisión de uno de los residentes. El televisor está arruinado; estas cosas suceden. El mirar la tv es la única actividad que puede hacer este residente. Casi no podría haber un peor día para que esto pasara: ¿Dónde van a encontrar una nueva televisión la víspera de Navidad? Los familiares encuentran una solución temporal, pero esperan que el asilo le proporcionen un aparato muy pronto. Sin embargo, eso es poco probable: "No, no estoy a cargo de eso. Se lo tendrá que pedir al jefe de equipo." "No, no soy yo, es la responsabilidad del gerente." "Tendremos que esperar que tanto nos reembolsará el seguro." "No tenemos presupuesto para esto." "El contador es la persona indicada para decidir, pero está incapacitado." Por doquier están la ignorancia, la indignación y la decepción.

- o ¿Cuál es el precio de hacerse responsable aquí?
- o ¿A qué se está sirviendo al decir: "Yo no estoy a cargo de esto?"
- o Los residentes entran a ese asilo porque ya no pueden vivir solos. La familia no puede cuidarlos y entrega el asunto al asilo. Los miembros del personal ya no pueden tomar decisiones autónomas. ¿Qué sucedería si se rompiera este patrón recurrente?
- o ¿Cuál es el origen de este lugar? ¿Ser un asilo o un ´hogar´?
- o Cuando el personal y los miembros de familia se miran uno al otro, ¿quién está mirando a los residentes? ¿Qué pudiera ser muy doloroso mirar?

Rotación del personal

Es una consultoría para contratos de negocios internacionales. En la división de África tienen qué enfrentarse con la rotación de personal extraordinariamente alta de abogados más jóvenes. La mayoría sólo se queda un par de años. Ya modernizaron los autos de la compañía, el volar primera clase es ahora el estándar. Pero estas mejoras no reducen la rotación. Entrevistas exitosas no ofrecen ningunas ideas para entender por qué se van tan pronto. Las otras divisiones no tienen este problema.

- o ¿Cuál es el costo de quedarse: para los individuos; para la división?
- o ¿Qué se mantiene con vida al irse los abogados más jóvenes?
- o ¿Quién quería quedarse, pero tuvo que irse?
- o ¿Cuál fue la razón para que esta división en África llegara a existir?
- o ¿Qué le sucedió al fundador y al primer director de esta división?
- o ¿Qué le pasó al fundador y al primer director de esta sección?
- o ¿Existen funciones que no tienen este problema?
- o ¿Cuándo empezó el fenómeno y qué les ocurrió a los siguientes elementos, alrededor de ese tiempo: funciones, consejo y contratos, el director, la misma consultoría, los países africanos, los clientes?

Nosotros en contra de ellos

A menudo sucede que un sindicato de trabajadores y un director están en contra uno del otro. El fenómeno de ´nosotros en contra de ellos´ frecuentemente se puede ver en las organizaciones con un personal de oficina y una organización local. O entre la administración y ventas. Hay un ambiente de culpar, de sentirse malentendido. Repetidamente, cada quien puede ver cómo es en ´realidad´: los otros están en contra de nosotros, no se abren lo suficiente, o siempre están interfiriendo en cosas de las cuales no saben nada y que para nada es su asunto.

- o ¿Cuál es el valor de esta separación?
- o ¿Aún habría un ´nosotros´ sin ´ellos´?

- ○ ¿Está cada uno de ellos conectado a un valor clave diferente de la compañía?
- ○ ¿Cuándo no se están viendo uno al otro, hacia dónde ven?
- ○ ¿A qué le llegas a ser desleal cuando ya no estás en contra? ¿Qué costaría esto?
- ○ ¿Alguien, en algún momento, intento construir puentes? ¿Qué pasó con ellos?
- ○ Si se salvara la brecha, ¿quién reaccionaria con alegría? ¿Para quién resultaría intolerable e inmediatamente trataría de restablecerla?

Rumbo al desgaste

No es normal: todos están trabajando demasiado, demasiado duro y ya, durante mucho tiempo. Hay 'buenas' razones: plazos qué cumplir, un cliente importante que amenaza con irse, la vacante para el cual no se puede encontrar un buen candidato, etc.

- ○ ¿Hay lugares / plazas donde no haya gente desgastada?
- ○ ¿El lugar de quién se debilita cuando los demás hacen demasiado?
- ○ ¿Cuál estatus tiene un desgaste? ¿Qué ganas tú al no tener límites?
- ○ Si se está pidiendo lo imposible, ¿quién lo pide?
- ○ ¿Qué ganas al hacer un trabajo imposible?
- ○ ¿Cómo perciben a esta organización grupos de clientes? ¿Como una organización que cumple lo que promete o como una organización que está haciendo lo mejor que puede y no debe ser criticada?
- ○ ¿Cuál es el precio para la organización o la división que sí pone límites, donde las personas son responsables, cumplen con compromisos, crean metas realistas?

Simplemente, no funciona

Se ve tan bello, el nuevo producto. Se le consideró desde cada ángulo, tiene especificaciones maravillosas, la investigación de mercado sugiere que hay una necesidad para ese producto y tiene un precio accesible. Fue lanzado con una campaña exitosa, bien comprobada, pero nadie lo está comprando.

- o ¿Para quién o para qué sería una vergüenza si el producto fuera un éxito?
- o Si el fundador estuviera aquí, ¿estaría contento con el nuevo producto?
- o Si la historia pudiera ver al nuevo producto, ¿Qué nos podría decir?
- o Supón que a los creadores se les hubiera olvidado ponerle 'algo' al producto, ¿Qué pudiera ser?
- o ¿Qué es lo que posiblemente esté utilizando este fracaso para llamar la atención?
- o ¿Quién o qué pagaría un precio si el producto se convirtiera en un éxito?

Acoso

Parecía ser un grupo asertivo, abierto, amable. Sin embargo, una encuesta muestra que un número considerable de personas experimentan intimidación, discriminación y acoso, por parte de colegas, pero también de los líderes del equipo. Para la administración es imposible encontrar la causa. Cuando lo arreglan en un lugar, salta en otro, con colores ligeramente diferentes.

- o ¿Cuál orden está ejerciendo su influencia aquí? O en otras palabras, ¿Qué quiere ser reconocido? ¿Los viejos / los jóvenes, la antigüedad, una función / otra función, la clase social, los inmigrantes / los nativos, el conocimiento del oficio, la experiencia…?
- o ¿Entre cuáles funciones / personas / grupos no existe?
- o ¿Qué cambiaria, en los caracteres formales de pertenecer, si se detuviera el acoso? ¿Qué cambiaria en los estilos informales de pertenecer?
- o ¿Cuál sería el precio?

- ¿Qué significaría para el orden si la gente dejara de acosar a otros? ¿Cuál sería el precio? ¿Quién lo pagaría?
- Si el cruzar límites personales es el patrón recurrente, ¿lo ves en otros lugares en la organización?
- ¿Cuál es la función de esta pauta repetitiva para la organización?
- ¿Qué sucedería si cada quién se limitara a cumplir sólo su función y sus tareas?

Capítulo 5

Coaching sistémico

- Las características del coaching sistémico
- La contratación
- Hallar la raíz del problema

Temas comunes en el coaching

- Patrones recurrentes
- Confusión del sistema
- Hay algo acerca este lugar…
- La preservación y la renovación
- Soltar al reconocer

Preguntas para contemplar

- Preguntas acerca del coach
- Preguntas acerca del cliente

Introducción

Este libro es acerca de las organizaciones como sistemas vivos, y en particular, cómo un consultor externo puede contribuir, de una forma sistémica-fenomenológica, a lo que necesita el sistema.

Estamos haciendo esta pequeña excursión del mundo de la consultoría al mundo del coaching, debido a que muchos consultores también dan sesiones de coaching a los individuos alrededor de temas relacionados con el trabajo.

Hasta este momento, en este libro, nos hemos esforzado por elaborar cada aspecto ante los cuales un consultor sistémico pudiera toparse. Sin embargo, para este capítulo no tenemos esa idea. Es meramente una exploración inicial y global de qué convierte al coaching en un coaching sistémico.

Las características del coaching sistémico

El coaching sistémico tiene varias características:
- o El coach sistémico, así como el consultor sistémico, utiliza sus conocimientos como información. Completamente abierto, y sin emitir juicios, se expone a lo que surge en él a través de su contacto con el cliente y el todo más grande al cual pertenece el cliente.
- o Siempre trabaja desde su actitud sistémica, consciente del hecho de que contribuye mejor viendo a cada uno y a todas las cosas en el contexto de la totalidad. No se une en las opiniones del cliente acerca de sus colegas, los directivos o de la organización. No quiere resolver nada. Desea, junto con su cliente, ver lo que sale del sistema, lo que le sucede al cliente en ese sistema organizacional y lo que potencialmente, pudiera hacer el cliente para tomar su lugar de mejor manera. Se resiste a la tentación de presentarse como el experto, el ayudador o el salvador del cliente o del sistema como un todo.
- o Siempre, plantea cualquier pregunta acerca de un empleado en el contexto de la totalidad del sistema. Es para este todo que él trabaja.
- o Con sus radar sistémico, permanentemente escanea a todas las partes y al sistema como un todo. Está alerta ante cualquier cosa que tenga que ver con la pertenencia o la exclusión de las partes, el orden, el lugar que su cliente toma (o se le ha dado) y la historia de ese lugar.
- o Está atento a lo que se repite, tanto en la persona y en el trabajo del cliente, como en la organización para la cual está trabajando.
- o Sus esfuerzos pretenden permitir que el cliente descubra las dinámicas en las cuales participa.

o   Considera a los problemas como síntomas que sólo quieren mostrar, de manera sistémica, dónde aprieta el zapato. Así es que el contenido de lo que narra el cliente raras veces incluye el tema real: es únicamente la envoltura... alrededor del regalo del fenómeno sistémico. El coach debe preguntarse con regularidad, ¿Para qué es este problema una buena solución?

La contratación

El coaching sistémico está orientado a lograr que el cliente vea a su pregunta, su lugar y su situación desde una perspectiva sistémica. Al hacerlo así, tal vez reconozca sus patrones personales en 'sus' sistemas organizacionales. O quizá sea capaz de ver que algunos de sus comportamientos expresan su lealtad a alguien o a algo de su familia de origen. Al mirar sin emitir juicios, pueden quedar claras las pautas repetitivas que transcienden. En ocasiones una sesión es suficiente, a veces se necesitan más. Pero es el cliente quien lo decide, no el coach. El lugar del coach es junto al cliente. Él no lo guía, sólo le facilita un proceso en el cual puede observar su situación de una manera distinta y pueda entonces actuar diferente. Al decidir por sí mismo, qué tanto y con qué frecuencia se llevarán a cabo las sesiones, el cliente toma el liderazgo. El coach sistémico lo suelta.

Hallar la raíz del problema

En el coaching sistémico, siempre, la primera pregunta es, ¿en cuál sistema encontraremos la raíz del problema? ¿Aquello que se está viviendo como problema, se relaciona más con la persona o más con la organización? O, ¿acaso está relacionado con los dos sistemas?
Cuando aparenta ser más de la persona, el tema pudiera ser confusión de sistemas: alguien en la organización se comporta como solía hacerlo en su casa, cuando era más

pequeño. Independientemente del ambiente de trabajo, toma su lugar – en relación a sus colegas y a la dirección – de la misma manera que lo hacía en el pasado con sus hermanos y/o sus padres. Con frecuencia el cliente reconoce los problemas que esto le ocasiona y que ha vivido situaciones idénticas en trabajos anteriores. Cuando alguien más, fuera temporal o permanente, tomaba su puesto, ese recién llegado no experimentaba esos inconvenientes; tampoco los predecesores los tenían. Estas son señales que la cuestión viene más del contexto familiar que del organizacional. Una indicación probable de que el asunto esté más relacionado con la organización es cuando el cliente te comenta que lo que le está sucediendo en realidad es muy extraño. O sabe muy poco o no sabe nada. Investigaciones adicionales pueden revelar que otros, en puestos iguales, se topan con cuestiones similares. Entonces es muy posible que le pertenezca a la organización. Una persona diferente, en el mismo puesto, experimentaría casi sin duda el mismo problema.

Y después, por supuesto, hay la combinación de ambas. Lo organizacional y lo personal; con sus propias típicas pautas repetitivas donde los dos, de alguna manera se atraen uno al otro. El patrón de uno cumple la necesidad del otro y viceversa. Pudieras hacerte la pregunta, ¿hasta qué punto el elegir un trabajo, o un empleado, es un acto de libre voluntad? En ocasiones se siente como si cada uno está siendo jalado hacia el otro como si fueran imanes. ¡Imanes que creen que están actuando de manera autónoma!

Temas comunes en el coaching

Las personas que le tocan a la puerta al coach con dificultades relacionadas con el trabajo, es común que expresen lo que les molesta en términos de un dilema o un asunto personal. En la siguiente parte de este capítulo, damos diez ejemplos de dichos problemas y los clasificamos dentro del contexto de cinco temas sistémicos generales.

Patrones recurrentes

¡Yo sé cómo deberían hacerse las cosas aquí!
Yo he estado demasiado ocupado.

Confusión del sistema

Aquí, me siento como una niña pequeña.

Hay algo acerca de este lugar

Aquí no tengo éxito.
Me tengo que ir, otra vez.
No me ven.

La preservación y la renovación

Ya no me quieren más.

Soltar al reconocer

Ya no lo quiero más.
Me quiero ir.
Ya no me gusta.

Ahora compartiremos unos cuantos ejemplos de nuestras propias prácticas de coaching; aquí y allá con un breve comentario teórico.

Patrones recurrentes

La mayoría de las veces las personas están convencidas que se comportan según la situación en la que se encuentran. Hace frío afuera; por lo tanto me pongo un abrigo. Cuando alguien trae puesto un abrigo casi todos los días, aun cuando hace calor, entonces te puedes preguntar si ese comportamiento está realmente relacionado con la situación, o si es más una repetición compulsiva, inconsciente, independientemente de lo que demande la situación. Esto es lo que llamamos un patrón recurrente o una pauta repetitiva.

Un patrón recurrente se puede manifestar en un cliente que tiene la tendencia fuerte de irse, o de no tomar el lugar en el sistema que está ahí para él. Esto se puede mostrar de varias maneras. Por ejemplo, tomando una posición al margen, en la línea de banda; dejando la organización; apropiándose del lugar del jefe o – si es el director- ocupando el lugar de los empleados. Muchas veces el cliente 'aprendió' estos mecanismos antiguos en su familia de origen. También es posible que su conducta repita la de su predecesor – que ocupó el mismo puesto. En ambas situaciones, el comportamiento surge de una lealtad (inconsciente). (Ver el capítulo tres.) La lealtad a una pauta repetitiva de su familia le asegura que una y otra vez, el cliente termine en una situación similar, no deseada – cualquiera que sea su trabajo o su jefe.

Una actitud interna de yo sé mejor que mi jefe señala a una pauta de parentificación. Alguien actuando desde esta dinámica, este patrón, en su interior, ha dejado su propio lugar y ha tomado un lugar superior a él. El concepto de parentificacion viene de la terapia de sistemas familiares y describe cuando un hijo toma el lugar de un padre. Cuando se hace consultoría para una persona así, es sumamente útil permitirle que retome su lugar, y desde ahí, reconozca a los líderes de esa organización en sus lugares.

¡Yo sé cómo deberían hacerse las cosas aquí!

El gerente explico que no se sentía entendido por su director, a pesar de que a menudo le presentaba ideas nuevas. Con desdén añadió: "Y es de esos directores que insisten que su puerta siempre está abierta."

El coach se siente aprensivo; de inmediato no quiere aceptar o seguir el criterio del gerente. Él revisa, en sí mismo, su reacción a la crítica del director, su tendencia también a juzgar... si no al director, entonces al gerente – una de esas personas que siempre sabe lo que es mejor. Además, registra la actitud del gerente: su mentón apuntando hacia arriba, una mano haciendo un gesto de hacer a un lado, su tono de voz. Da la impresión de ser arrogante. Y surge el pensamiento: ¿quiere recibir consultoría o quiere tomar el lugar del director...?

El coach percibe todo esto y simplemente lo suelta. Dándose cuenta que el tema de 'ordenar' está surgiendo aquí, le pregunta al gerente: "¿Qué piensas? ¿Sería bueno para la organización si los dos cambiaran de lugar?"

Bueno, para él, el cambiar de manera permanente sería pedir demasiado. Pero por un período de tiempo le encantaría hacerlo; para mostrar cómo debería hacerse el trabajo.

El coach ofrece algo de clarificación sistémica: "Ese no es tu lugar. Mientras no reconozcas al director como tu jefe y no quieras ver lo que puedes contribuir desde tu lugar adecuado, nunca habrá un lugar para ti en este sistema."

Al gerente se le dificultó tragar eso. Después preguntó cómo podría hacerlo de manera diferente.

El coach: "La respuestas es hacer lo que es apropiado desde tu lugar, o encontrar una plaza donde puedas hacer lo que te acomoda a ti. Lo que le corresponde al puesto que tienes ahora, es hacerle ver al director de forma muy clara que respetas su autoridad y sus decisiones. Si al director le interesa de vez en cuando, podrías ir a verlo y hacerle saber, sin ninguna obligación de su parte, cómo ves tú, tu negocio. Y significa exactamente lo que estoy diciendo: tu negocio, no el negocio. Esto tal vez haría posible para el director, de vez en cuando, pedirte tu opinión. Entonces, está claro que ya no tiene nada que ver con su puesto. También lo que pudieras hacer es encontrar un lugar en otro sistema. ¿O es que en realidad te gusta el puesto del empleado que sabe más que su jefe?"

Yo he estado demasiado ocupado

La cliente había estado demasiado ocupada. Tomaba responsabilidades que no eran de ella, pero estaba tan involucrada con el trabajo y sus clientes que no veía otra opción. Ya había tomado un curso en el manejo del tiempo y había recibido coaching para ser más asertiva y poner límites. Pero con eso sólo había logrado efectos cortos y temporales. Estaba cansada, tan cansada.

El coach la miró de cerca. Sí, en efecto se veía cansada y al mismo tiempo, parecía que no quería soltar ni un solo gramo de su carga. Parecía más bien que añoraba una palmada en la espalda. ¿De quién quería recibirla? ¿Por quién la había tomado? ¿Quizás, siendo pequeña? El coach intentó explorar si había un patrón recurrente y dijo: ¡"El que cargues tu propio peso te fortalece; el cargar el de alguien más te debilita" De inmediato ella estuvo de acuerdo y dijo: "Sí, pero si nadie más se hace responsable, entonces tengo que hacerlo yo. Si no lo hago, entonces les afectará a nuestros clientes y son tan vulnerables..." El coach, persiguiendo a la pauta repetitiva: "¿Reconoces, en algún momento de tu juventud, que hiciste tuyo algo que le pertenecía a alguien más, que estabas tan preocupada de que algo iría mal si tú no lo hacías?" Se quedó callada. Era evidente que regresaba a su infancia. Dijo, después de un rato: "No tuve opción, mi madre estaba demasiado borracha para cuidar a mi hermanita."

Confusión del sistema

Las personas – inconscientemente – pueden tender a tomar el lugar en su trabajo, que el que tomaban en su sistema de familia de origen. En ciertas ocasiones hasta se comportan como si estuvieran con su familia. Aquí, como coach, necesitas todas tus antenas sistémicas: ¿responde el cliente como si tú o las demás personas fueran un miembro de su familia? ¿Qué patrón de interacción, que viene del sistema familiar se está repitiendo en el sistema organizacional?

Aquí, me siento como una niña pequeña

Esta mujer se da cuenta, de que de alguna manera u otra, se 'encoje' cuando está en contacto con su jefa. Empieza a tartamudear, se siente como una niña pequeña – lo cual odia – y aún más porque no se comporta de esa manera cuando está en contacto con otros profesionales. Durante la sesión se dio cuenta de que le sucedía más seguido cuando entraba en contacto con mujeres en puestos de liderazgo, en lugar de con hombres. La coach registró lo que le estaba pasando a ella al estar con la cliente. Se sentía con ganas de protegerla, de ayudarla. Como si invocara o la invitara a tomar el rol de madre. La conexión que hizo de la relación madre-hija le pegó como si fuera una tonelada de ladrillos. Reconoció que, de hecho, se convertía en una niña dependiente con sus directivos mujeres y con sus superiores. Una vez que se dio cuenta que todo eso tenía que ver con su relación con su madre y nada que ver con su jefa, pudo ver a la jefa sólo como la jefa. La confusión de sistemas se disipó... pero la relación con su madre es otra historia.

Hay algo acerca de este lugar

Tal vez no tenga que ver con patrones recurrentes o confusión de los sistemas, y sin embargo, el cliente todavía no sabe el por qué no tiene éxito en su lugar. Una característica del comportamiento que está más relacionada con el lugar – y por lo tanto con el sistema – que con la persona, es que el cliente no lo reconoce para nada. Ni de otros lugares de trabajo ni de su propia historia personal. Para ti, como coach sistémico, se confirma esta señal por el hecho de que, para tu sorpresa, este cliente, a pesar de tener todas las cualidades, cumple con todas las tareas y responsabilidades que conlleva el puesto, no las ejecuta bien. Juntos comienzan a explorar que podría ser. A continuación, tres variaciones de 'algo sucede en este lugar'.

No está funcionando para mi aquí

"Es imposible que me vaya bien aquí. Mis aptitudes normales no parecen ser suficientes. Me siento tan insignificante si bien es una ocupación sólida y adecuada. No puedo poner el dedo en la llaga. Nunca había vivido algo así."

Es revelador el explorar la historia de ese lugar, sobre todo porque el cliente para nada la reconoce. Parece como si puesto no está disponible para él; hablando de manera sistémica, un anterior aún ocupa ese lugar. Alguien que físicamente ya se fue de ahí, pero a quien las personas siguen siendo leales en su corazón. Y tal vez el predecesor tampoco ha dejado el puesto. Un ritual iniciado por el cliente de reconocimiento y de despedida, pudiera ayudar. "Gracias por ocupar el puesto antes que yo; ¿me lo podrías dejar a mi ahora?" (Pudiera llevarse a cabo con su colegas presentes.)

Me tengo que ir, otra vez

"Deliberadamente elijo mi ocupación en este equipo, pero de alguna manera siento la inclinación de irme otra vez; no me puedo quedar aquí."

Esta señal es una buena razón para revisar si algo sucedió con los predecesores en este puesto. ¿Quién más se fue? ¿Quién no debería o no podía quedarse? ¿Quién se fue de manera repentina, sin ser reconocido?
Junto con su jefe y sus colegas, un cliente puede ver lo que le pasó a sus predecesores en ese rol. ¿Qué es lo que parece haber convertido a ese puesto en uno cargado sistémicamente? En tales casos, algo se ha perdido o no ha sido reconocido. Por ejemplo, se le han quitado obligaciones al puesto, hubo una reestructuración en la organización, o la negación de la aportación de alguien en ese puesto, etc. Y también aquí, el reconocimiento del pasado es la llave para liberar el cambio.

No me ven

"Permanentemente me pasan de largo y se 'olvidan' de mí. Les sigo explicando las responsabilidades de mi función, en cuáles reuniones quiero participar y sobre qué necesito que me mantengan informado, pero pareciera que no lo registran. No lo entiendo para nada; la gente está muy contenta de que yo esté aquí y honestamente tratan muy duro de no olvidarme."

Para el coach estas son señales que parece que la función no tiene ningún peso, como si no tuviera fundamento, ningún derecho a existir, no está metida en el sistema. En ocasiones, de un modo u otro, puedes ver que alguien, a pesar de eso, tiene éxito en dicho puesto. Tal vez invirtiendo mucho de manera privada en relaciones personales, y esto, de alguna forma, le otorga sus responsabilidades, en vez de que el puesto lo haga por sí mismo, en automático. Todo el personal temporal, personas que han perdido sus puestos, pero aún pertenecen ("Te puedes quedar, pero ya no como gerente") o los que están en roles fabricados, conocen el fenómeno del puesto que no existe (sistémicamente hablando). Tú (todavía) perteneces, pero no tienes ningún lugar. ¿Qué es lo que se necesita aquí? Encontrar un lugar adecuado... o decir adiós. Pudiera ser que se sienta bien para ti como coach, dar un boceto aproximado de la tensión entre el mundo completamente diferente de la percepción y el comportamiento sistémico y el de las leyes laborales, controles sociales, y demás.

La preservación y la renovación

Los sistemas quieren que cada cosa y cada uno que pertenece, o perteneció, sean reconocidos y reciban y tomen un lugar claro. Los sistemas y el entorno en el cual funcionan, cambian de manera continua: porque cambian las partes, porque cambia el mundo exterior. La reciprocidad entre la preservación de lo que es familiar al sistema y la adaptación a las nuevas realidades lo refuerza. Sin embargo, no es un proceso fácil, el de continuamente encontrar un equilibrio entre los extremos de caerse a pedazos y adherirse de forma rígida a lo antiguo.

Ya no quieren que esté aquí

En una práctica de terapia infantil, el anhelo de uno de los terapeutas, de seguir un nuevo camino, se discutió en tono de crítica. Su elección estaba influenciada por lo que uno pudiera llamar 'llegar al niño a través de sus padres'. A este terapeuta le interesaba más y más esta propuesta, también para la práctica, y era totalmente una nueva manera. Para los demás terapeutas se sentía un poco extraño, así es que siguieron cuestionándolo acerca de sus suposiciones básicas, pero ninguna respuesta que daba era suficientemente buena. Habían estado ocupados con este asunto durante tanto tiempo que el grupo estaba cada vez más irritado.

Un domingo por la tarde el terapeuta estaba hablando con un amigo entrenado sistémicamente que le comentó: "Los otros sienten que les estás siendo desleal. Ellos claramente quieren que pertenezcas a ellos, como solías hacerlo antes." Esto le permitió ver a la crítica del grupo de manera diferente. Se enfrentó con la pregunta de si en realidad quería aceptar la realidad de que para él había llegado el momento cuando les diría adiós a sus colegas. Y también se imaginó cómo se vería si una nueva forma de terapia encontraba un lugar en la práctica actual. De todos modos, ahora entendía y valoraba la pasión detrás de su crítica hacia él. Era una imploración de claridad acerca de su conexión, una pregunta de si quería conectar a lo nuevo con lo que ya estaba ahí.

Soltar al reconocer

Una sesión de coaching generalmente inicia con el deseo o la necesidad urgente de que cambie algo. A la mejor algo tiene que irse. Alguien quiere deshacerse de algo y reemplazarlo con algo nuevo. Por ejemplo, debería desaparecer la presión del trabajo y debería reemplazarla la relajación.
La mejor manera de quedarse con algo es tratar apasionadamente de deshacerte de eso. El reconocer su valor es la llave para el cambio en la actitud. Lo que se reconoce por su aportación, por lo general coexiste bien con la decisión de algo nuevo.

Ya no lo quiero más

Un trabajador social se sintió desesperado porque no podía lograr quitarse a sus clientes de sus pensamientos. Siempre estaba ocupado con ellos. No podía dejarlos ir. Ya había intentado un ritual simbólico: colocarlos en una bolsa de basura y sacarla de su casa. Pero sin ningún resultado.

El coach se conectó con el fenómeno de siempre estar ocupado con los clientes y surgió una pregunta de otro sistema: ¿"Quien pudiera sentirse muy orgulloso de ti al verte tan comprometido con tus clientes?"

Después de un rato, el cliente habla acerca de su padre, quien le inculcó durante su niñez, que nunca se termina ningún trabajo; uno siempre puede hacer más.

El coach comenta: "De repente, mientras me platicas esto, tu rostro se relaja más, muy diferente a como estaba antes. Y me doy cuenta de que yo también me tranquilizo más." El cliente: "Sí, mi padre es una persona muy entusiasta, que se involucra mucho, aunque en ocasiones puede parecer un poco compulsivo."

El coach: ¿"Y tú?" ¿Te reconoces a ti mismo así? Acaso sea el momento de darle las gracias a tu padre por lo que te enseñó. Ahora, como adulto, podrías empezar a explorar nuevos modos, sin devaluar el mensaje de tu padre. Es bueno mostrar tu involucrarte y tu entusiasmo, pero a tu manera."

Me quiero ir

Cada vez era más y más difícil en el trabajo. Ya no le gustaba más; se había sentido así durante mucho, mucho tiempo. Dijo: "El trabajo ya no es nada. ¿Los colegas? Bueno, sólo un contacto superficial. Prefiero evitar las juntas. Resumiendo, roe mi auto-confianza. Ya no quiero estar aquí más tiempo. Pero, por alguna razón, no puedo irme. Algo me tiene en sus garras.

El coach notó que su corazón y su conciencia se estaban inclinando hacia el lugar que el otro quería dejar. ¿Estaba pidiendo atención?

El coach dijo: "Pudiera sonar raro, pero sugiero que trates de amar el lugar que quieres dejar. ¿Qué te dio a ti y si pudieras agradecerlo? ¿Qué fue lo que tú contribuiste en ese rol? Para que pudieras realmente dejar ese lugar, ¿le otorgas a la organización el derecho de hacer lo que puedan hacer con todo lo que le diste? ¿Puedes tomar y dejar todo exactamente como es; tanto lo placentero como lo no placentero?"

Al momento de decirlo, el coach, de repente y por primera vez, vio una especie de brillo aparecer en el rostro de su cliente.

Continuó: "Ahora que reconoces lo que está sucediendo, pudiera ser que no sólo eres tú el que desea otro lugar, pudiera ser que el lugar quiere dejarte ir... porque el intercambio entre los dos ha llegado a su fin."

Suspiró profundo el cliente.

Ya no me gusta

El cliente se siente incómodo en el equipo, continuamente choca con el líder del equipo. Se siente conectado con sólo tres de los ocho colegas. Con el resto no tiene nada en común. Una y otra vez hace su mejor esfuerzo para contribuir y una y otra vez no se siente feliz con la respuesta que le dan. Y ahora se acerca la sesión anual de construcción del equipo. Durante años ayudó a prepararla, sintiéndose responsable de planear sesiones interesantes y útiles. En esta ocasión no se involucra en los preparativos. Está a punto de perder la paciencia, de jalarse los pelos y rasgarse la ropa. Tiene un mal presentimiento en su estómago respecto a ese día y tiene miedo que sólo habrá muchos problemas y dificultades. "Por favor, dime lo que tengo qué hacer."

El coach se da cuenta que tiene que ver con el tema de 'lugar'. ¿Cuál es su lugar en el equipo? ¿Cómo lo puede tomar? Después cae en la trampa de ser el que sabe mejor al decir: "Hay ciertos colegas con los cuales te sientes cómodo. ¿Por qué no te sientas junto a ellos?

Como siempre, cuando tratas de resolverle a otro sus problemas, tus sugerencias las hacen a un lado. "No, eso no funcionará porque..."

Debí haberlo pensado, se da cuenta el coach, fijándose en que ha escuchado demasiado al contenido de la historia, en vez de escuchar

´a través´ del contenido al mensaje oculto en la profundidad.

El coach se tomó su tiempo, consideró cómo, en ese día, todos los miembros del equipo entrarían al salón y elegirían un lugar dónde sentarse. Entonces, surgió esta idea: "Imagina ese día en tu mente. Crea una imagen de todos ahí, juntos. ¿Dónde estás sentado?"

Inmediatamente llegó la respuesta: "Estoy sentado en la orilla, viendo hacia afuera."

El coach: "Qué pasaría si tomaras ese lugar completamente, así como es: en la periferia, viendo hacia afuera. Como si así es la manera en que tomas parte. Como si ese fuera tu lugar, allí y entonces. ¿Cómo sería eso?"

Del cliente se escapó un suspiro y se relajó su rostro: "En ocasiones se siente tan bien con sólo admitir lo que es. Trae paz."

Preguntas para contemplar

El coach sistémico tiene muchas preguntas. Constantemente pasan por su cabeza. Rara vez se interesa en las respuestas. Las preguntas son más como recordatorios de mantener una manera abierta de mirar, de explorar posibilidades. Son preguntas para reflexionar, preguntas que se necesitan, sin prisa, cocer a fuego lento. El coach se las pregunta acerca de si mismo y también de su cliente. Aquí están algunos ejemplos.

Preguntas acerca del coach

- o Puedo, por igual, ¿encontrar un lugar en mi corazón para el cliente y para todos los que lo rodean?
- o ¿Cómo le hago para hacer responsable al cliente y que se siga responsabilizando de su propio aprendizaje? Para poder lograrlo, ¿qué necesito soltar, dejar ir?

o ¿Qué lugar, postura me encanta tomar? ¿Qué patrón podría yo fácilmente repetir en mi contacto con el cliente? ¿Cómo es ser (sólo) realmente compasivo y apoyador en lugar de guía? ¿Qué gano cuando siente agradecimiento hacia mí? ¿Qué le sucede al cliente cuando me atribuye su desarrollo? ¿Cómo evito ser más importante que su jefe? ¿Cómo evito ser más importante incluso que el mismo cliente, en su proceso de desarrollo y crecimiento? ¿Qué me puede ayudar a evitar las trampas; qué tipo de apoyo necesito aquí?

Preguntas acerca del cliente

¿Qué lugar toma generalmente el cliente en relación a la gerencia, los colegas, los clientes? ¿Qué me sucede a mi cuando estoy en contacto con este cliente? ¿Qué pudiera esto decirme acerca de lo que le pasa a él? ¿Qué patrón recurrente pudiera estarse repitiendo entre nosotros dos?

¿Cuál es el origen del comportamiento que el cliente ya no quiere? ¿Qué beneficio le dio este mismo comportamiento cuando estaba más joven? Si su comportamiento es una expresión de lealtad, ¿quién o qué, tal vez de manera inconsciente, se siente contento por ello?

o ¿Reconoce el cliente lo que aquí se manifiesta como una pauta repetitiva 'antigua', de situaciones anteriores ya sea de trabajo o privadas?
o ¿Qué le sucedió al lugar/ a la plaza antes de que lo tomara el cliente?
o ¿Es la cuestión con el cliente reconocible como un patrón recurrente de la organización?
o ¿Para qué es en realidad el problema una buena solución?
o ¿Qué pudiera perderse si el problema ya no existiera?

Capítulo 6

Cómo pueden contribuir los gerentes para tener organizaciones saludables

- Despedidas
- Despidos forzosos
- Otorgándole su lugar a un colega nuevo
- Desintegrando un equipo
- Equipos nuevos
- Combinando equipos
- Dividiendo un negocio
- Cambio de cultura
- Reorganizaciones
- La fundadora vende su negocio

Introducción

Este es un libro acerca de la exploración de problemas en las organizaciones y cómo un consultor puede contribuir a su revitalización. Muchas de las ideas y técnicas sistémicas-fenomenológicas descritas no sólo son útiles para resolver problemas sino también para impedirlos.

Principalmente, este es un capítulo acerca de la propuesta sistémica como un instrumento para líderes, administradores y gerentes. Se trata de acciones e intervenciones de todos los días cuando todo en el jardín está de maravilla, de color rosa y no hay ningún consultor involucrado.

Los cambios en las organizaciones son los momentos perfectos para hacer justicia a todo lo que fue, es y será.

Cuando lo haces de esa manera contribuyes a crear un sistema vital y sólido, que toma su lugar y está anclado en el mundo exterior. En la vida y trabajo diario, surgen muchas oportunidades para hacer intervenciones leves que dan como resultado contribuciones sistémicas significativas. Hablamos de algunas situaciones que ocurren con frecuencia y ofrecemos sugerencias respecto a lo que un gerente puede hacer para fortalecer al sistema o para dejar que encuentre un nuevo equilibrio. Estas son el tipo de situaciones que con facilidad pueden causar que la energía se filtre del sistema cuando no reciben suficiente atención.

Despedidas

Cuando alguien tiene un puesto en una organización y va a dejar ese puesto, es saludable para el sistema y para la persona, equilibrar ambos lados de la transacción. Enfrentándola como es y después dejándose ir uno al otro:

o Sentarse en orden empezando por la persona que tiene más años de servicio hasta el último que se sienta al final, (siguiendo las manecillas del reloj).
o Denle al que se va la oportunidad de decir lo que cree fue sus aportaciones importantes, lo que no pudo hacer en su puesto y lo que se llevará con él de su tiempo en la empresa.
o El gerente hace lo mismo. También le da la posibilidad a sus colegas que le digan algo personal al que se va y también acerca del sistema mayor del cual son una parte.
o El que se va, en su rol actual, se queda de pie por unos cuantos momentos detrás de su silla vacía, después el director coloca esta silla junto a la última persona que se unió al equipo o a la empresa: un nuevo lugar esperando a un nuevo colega.

Despidos forzosos

o Fraude, acoso sexual, violación bruta a las reglas, engaños, todo esto sucede y pueden ser buenas razones para despedir a alguien, en ciertos casos de inmediato. Ciertos comportamientos son tan inadmisibles que no hay opción sino decir, "Tienes que irte. En este mismo momento." El trabajar desde la propuesta sistémica significa prestar atención al hecho de que la persona si perteneció, que tuvo un puesto donde contribuyo y que hizo algo que fue causa de despedido.
o Durante "x" años perteneciste a nuestra organización y aportaste. Por lo tanto te damos las gracias.
o Por lo que hiciste, perdiste de inmediato tu derecho a pertenecer. Por ese motivo tienes que irte ahora.

Otorgándole su lugar a un colega nuevo

Toma en cuenta todos los lugares donde has trabajado y cómo te recibieron en todos esos lugares. ¿Qué fue lo que te ayudó a establecerte en cada organización nueva? ¿Qué no tuviste o no te dieron para que pudieras tomar completamente tu puesto?

Algunas palabras de bienvenida pudieran ser:
o De ahora en adelante este puesto es tuyo.
o Este fue el puesto de alguien antes de que tú llegaras; necesitamos un poco de tiempo para ajustarnos al hecho de que ahora es tuyo.
o Este puesto tiene su propia historia. Nos encantaría platicártela.
o Tú traes tu propia historia y experiencia contigo. Nos encantaría escucharte. Bienvenido, con todo tu bagaje. Ahora nos perteneces. ¡Gracias por tu compromiso!

Desintegrando un equipo

Generalmente es un administrativo de rango superior quien decide si continúa o no un equipo. Tal vez ya no hay más presupuesto o la meta ha perdido importancia, o se puede hacer mejor el trabajo en otra parte o es más económico, etc. Resumiendo, para los empleados y para la parte relevante de la organización ya se terminó. Los sistemas pueden fácilmente resistir muchos cambios de largo alcance, si sólo todo, realmente todo se enfrenta. Entonces, por norma, todo el mundo y todo lo demás pueden continuar.

- o La persona que toma la decisión es la que da el mensaje.
- o Conecta las metas de la organización con aquello que los empleados y los equipos han contribuido. Pone en claro que esto incluye el dolor, las cargas y los costos que el equipo soportó.
- o Expresa su agradecimiento por todo lo que el equipo y los empleados invirtieron, por aquello que siempre estuvieron aportando a la organización.
- o Sin embargo, tomando todo en consideración, ha llegado el momento de detenernos. Existen buenas razones para hacerlo. Por esta decisión, el director / la administración / el consejo acepta la responsabilidad.

Equipos nuevos

Un equipo nuevo no tiene historia, no puede tenerla... uno pensaría. ¿Acaso no está orientado el nuevo equipo hacia el futuro, lleno de nuevas ambiciones y nuevos planes? Sin embargo, el juntos ver hacia atrás proporciona una base sobre la cual se puede fluir hacia adelante y se puede conectar con el todo más grande.

- ¿Quién decidió crear el equipo nuevo?
- ¿Tal vez existan más personas o departamentos quienes están pagando un precio para la creación de este nuevo equipo? ¿Otro departamento perdió? ¿Se tomaron funciones o presupuesto de un departamento que ya existía y se les dio al nuevo equipo?
- ¿Cómo pueden todos, quienes han aportado a la creación del equipo, ser reconocidos? ¿Pueden las personas ser capaces de ver y reconocer aquellos que ofrecieron resistencia, que trataron de evitar que se hiciera? Lo más importante, le proporcionaron a la organización la prueba: ¿en realidad queremos / necesitamos este nuevo equipo? Su resistencia pudo haber ayudado a refinar la estructura y las tareas.

Esta manera de reconocer al equipo nuevo lo conecta con la organización y evita que se sienta mejor que los equipos antiguos, o mejor, aún, que la misma organización. Es frecuente que un equipo nuevo sea como un adolescente: con tendencia a sobrevalorarse a sí mismo, creyendo que sabe más que sus padres y sus hermanos mayores. Dentro de una organización, esto puede ocasionarle al sistema que le indique al enfrentársele dónde debe tomar su lugar apropiado. De esta manera, el sistema hace que el equipo nuevo se dé cuenta que necesita al resto de la organización. Al darle reconocimiento – al principio– puede enseñarle a tomar su lugar adecuado desde el inicio, lleno de capacidad y entusiasmo y, al mismo tiempo, integrado en el todo mayor que también crea la estructura.

Combinando equipos

En cierta ocasión había dos equipos. Ahora son uno. ¿Qué es lo que se necesita para fundir dos sistemas en uno solo? A menudo la perspectiva consiste sobretodo en mirar hacia el frente y enfocarse en identificar los elementos de unión, lo que es constante. Hablando de manera sistémica, es la historia y el sabor individual de los viejos equipos lo que le da fortaleza al equipo nuevo.

El reconocimiento de todo lo que ya existió en ambos lados – como los objetivos, los eventos, el personal y los clientes – puede ayudar a combinar las partes que serán de utilidad y dejar atrás lo que no.

o Sugiere que cada equipo se presente al otro: esto es de dónde venimos, esto fue lo que nos sucedió.
o Sugiere que cada equipo diga o muestre (tal vez usando símbolos) lo que a los miembros les encantaría traer al nuevo equipo y lo que con gusto, o con pesar, dejarán atrás.
o Sugiere que el equipo que ´escucha´ reconozca tanto el precio que el otro equipo está pagando, como el valor que está aportando.

Dividiendo un negocio

Siempre han pertenecido, sin embargo, ahora parece lógico que se vayan y encuentren un lugar diferente. Nos descubrimos enfatizando la lógica de la nueva decisión y de convencer a todos el beneficio que esta división producirá. Esto se siente 'bien', muestra que la cuestión de pertenecer no está siendo manejada de manera superficial. Y aún así, cualquier separación duele. Entre más cercano el vínculo, más doloroso es irse. Podrías ver al dolor como un reconocimiento de la vinculación. Entre más se reconozca el dolor, más se reconoce el vínculo antiguo. Posteriormente, es útil adquirir nuevos compromisos, emprender nuevas conexiones. ¿Cómo manejamos el dolor de la partida y el placer de lo nuevo? Primero, resaltando el por qué es correcto que se divida la compañía, después reconociendo lo que la parte que se 'va' ha aportado al todo.

o Vemos que perteneces.
o Porque perteneciste fuiste capaz de hacer todo lo que hiciste.
o Existen buenos motivos para ahora hacerlo de forma diferente.
o Como organización aceptamos que estamos perdiendo su aportación única. Esto causa dolor.

- o De ahora en adelante, cada parte caminará sus propios senderos. Espero que tú, y también nosotros podamos recordar de modo positivo cuando solo éramos uno.

Cambio de cultura

Un proceso de cambio tiene mayores probabilidades de tener éxito si comienza por reconocer lo antiguo, sobre todo cuando se hace por los iniciadores del cambio:

- o La cultura actual nos trajo hasta donde estamos ahora.
- o El mundo ha cambiado; queremos y necesitamos movernos con él.
- o Cómo nos adaptemos tiene que ver con el cómo nos tratemos unos a otros y cómo trabajemos juntos, el proceso donde abriremos nuevas veredas. Nos pide a todos dejar atrás algo que amamos.
- o El cambio nos obliga a dejar de lado elementos preciosos, haciendo que lloremos esta pérdida. Pongámonos de pie juntos y, de vez en cuando, miremos hacia atrás, en lugar de sólo empujarnos o jalarnos unos a otros hacia adelante.

Reorganizaciones

- o ¿Qué es una reorganización? ¿Qué puede decir la persona que la inicia?
- o Las conexiones existentes cambiarán o desaparecerán.
- o Las conexiones nuevas aun tomarán su tiempo para cobrar forma.
- o El orden presente cambiará.
- o Se crearán nuevos puestos; los puestos antiguos desaparecerán o serán integrados de manera diferente.
- o El cambio de entonces a ahora es un proceso paulatino de desapego, moverse y volver a anclarse.
- o En un principio, iniciamos con una conexión clara de lo que teníamos qué ofrecer y lo que teníamos qué hacer en el mundo que nos rodea: habíamos perdido contacto con esa conexión; por lo tanto se necesita esta transición importante.

La fundadora vende su negocio

¡Qué difícil es cuando eres la dueña, soltar tu negocio, tu 'hijo' y dejárselo a alguien más! ¿Cuán fácil te descubres agarrándote de aquello que intentas dejar ir?

La fundadora que entrega su negocio debe cuidar de realmente dejarlo ir.
- o No te quedes en un puesto de consejera estratégica – ni siquiera por un corto tiempo. Esto es confuso para el dueño nuevo y para el negocio en general. Di: "Dejo la compañía bajo tu cuidado. Has con ella o que necesites."

El nuevo dueño puede ayudarle a la fundador a que realmente lo deje.
- o "Como la fundadora lograste lo que tu compañía es hoy en día: muy atractiva para que alguien la asuma. Siempre serás la fundadora, sin la cual el negocio no existiría. Quiero llevarla un paso más adelante, a mi manera. Gracias por confiar en mí."

Es común, sobretodo en firmas pequeñas, que los empleados se han conectado, corazón y alma con el dueño / fundador. ¿Cómo evitas que se sientan desleales, cuándo tienen que seguir una dirección que el fundador jamás hubiese elegido?
- o En público, con el fundador y los empleados presentes, el nuevo dueño pudiera decir: "Dar crédito a quien se lo merece: sin la fundadora, este negocio no habría existido; sin los trabajadores no habría crecido. Con mucho gusto, junto con ustedes y desde este lugar, pasado a mí por la fundadora, doy un paso hacia el futuro."

Capítulo 7

Mirando hacia el futuro

Estamos llegando al final de este libro sobre la consultoría sistémica.

El mirar y pensar sistémicamente se ha convertido en un hábito a lo largo de nuestro desarrollo profesional. No sólo en nuestros roles como consultores, coaches y entrenadores, sino también en nuestra vida diaria. Nos gustaría ofrecer algunos ejemplos de cómo puedes ver de manera sistémica al mundo que te rodea.

¿Honrado o excluido?

En marzo 2011, el Ministerio de Educación Holandés aconsejó a las escuelas dar un reconocimiento especial a aquellos maestros que eran superiores a los demás. Cada institución tenía que identificar al cinco por ciento de sus mejores docentes; tenían que ser del profesorado, no directivos ni administrativos. Deberían ser cuidadosamente elegidos por sus colegas y por la dirección y la selección sería confirmada por una revisión externa. Cada maestro ganaría 2,500 euros extra por año, y un día cada semana, deberá inspirar a sus colegas y ayudar a desarrollar materiales didácticos nuevos. Este "maestro de alta calidad" recibiría un presupuesto anual de 10,000 euros para invertir en proyectos para mejorar la enseñanza.

¿Qué significa para el todo si una parte, que era 'especial' sólo en el sentido que realizaba muy bien sus funciones normales, se le alienta a continuar haciéndolo ahora para recibir el premio de un salario extra?

¿Cómo afecta esto a la contribución de las partes que están identificadas como no tan buenas?

¿Pertenece más, o menos, al grupo de docentes, este maestro excelente?

¿Qué sucede si, en el próximo año, a ese maestro ya no se le considera lo suficientemente bueno para estar en el grupo de maestros excelentes?

¿Qué es lo que se está reconociendo con esta nueva política y qué es lo que tal vez se esté ignorando?

¿Qué se fortalece más, la escuela; el cinco por ciento; el 95%; o los alumnos?

¿Cuál es el precio que pagas al ser juzgado como excelente… o no excelente?

¿Qué le sucede a la calidad del todo, cuando diez por ciento de los maestros en una escuela son 'excelentes', pero sólo a cinco por ciento se les permite reconocerse como tal? ¿Y qué pasaría si nadie es marcadamente superior? ¿Cómo se sentiría si un maestro joven, recién contratado de repente perteneciera al grupo de los 'excelentes'?

Todo donde pertenece

En todas partes del mundo, en museos, iglesias, y colecciones privadas, encontramos tesoros que en un principio pertenecían a otros países, otras culturas y otros pueblos. Con frecuencia se les aprecia mucho y son guardados con cuidado. En ocasiones se obtuvieron por medio de una acción criminal. Sin embargo, lo que es claro, es que pertenecen en alguna otra parte, no importa lo que sea: oro, plata, estatuas, libros, los muertos, objetos arqueológicos, edificios u obras de arte.

¿Cómo sería si las naciones comenzaran un movimiento de devolver y de recibir?

El país que devuelve pudiera decir:
"A través de sus ancestros, esto les pertenece a ustedes. Nuestros antepasados se lo apropiaron de forma indebida. Fue muy valioso para nosotros y fue un placer cuidarlos. Ahora lo devolvemos a donde pertenece."
El país que recibe pudiera responder:
"Gracias por haberlo conservado. Lo trataremos con cuidado para nuestros hijos. Siempre son bienvenidos para que vengan y lo vean otra vez."

Sin lo viejo, lo nuevo no existiría

Es común que haya mucho forcejeo y emoción en el proceso de reestructurar al gobierno local. Por lo general, la energía puesta en el proceso de fusión se enfoca en cuáles deberían ser los resultados, no en el precio que se pagará.

¿Tendría el proceso una mejor oportunidad de éxito, si, en primer lugar, se le prestara atención al origen y a la individualidad de todas las partes por separado que necesitan ser incluidas?
¿Cómo puede calcularse y mantenerse su valor?
¿Cómo puede uno construir sobre eso?
¿Cómo puede mostrar su gratitud la nueva organización por todo lo que cada parte contribuye a la autoridad local nueva?

Una vez que la reorganización es un hecho, el nuevo consejo generalmente trabaja duro para darle forma a su identidad. Se promueve el nombre nuevo, se nombran las ventajas, se utilizan todas las avenidas de comunicación.

Por ejemplo, en Holanda existe la municipalidad recién creada de Midden Drenthe. Las personas que viven en otras partes del país sólo tienen una idea vaga de dónde está y de cuáles son sus fronteras. En su página web se requiere de mucho esfuerzo para encontrar la lista de los pueblos y aldeas que conforman la nueva municipalidad. Sin embargo, son justo estas comunidades las que tienen una conexión unas con otras y con el resto del país.

Es muy probable que un lector holandés reconociera los nombres de los poblados como Westerbork (un campo de concentración de la II Guerra Mundial) y Wijster (donde secuestraron a un tren). Pero hay diecisiete poblaciones más que pertenecen a la nueva municipalidad.

Infinidad de holandeses han, en un momento de sus vidas, vacacionado en uno de estos otros poblados y aún sienten una conexión ahí. Saben dónde está situado esa localidad. Pero se rompe esta conexión al juntar todas estas localidades bajo el nuevo nombre de Midden Drenthe. Y todavía no consideramos los sentimientos de sus habitantes. Solían pertenecer a sus aldeas y así es como aún se siente. ¿Qué pasa cuando se ´ignora´ eso como resultado de la reestructuración?

¿Cómo elijes dónde quieres pertenecer?

Una escuela recluta estudiantes con el slogan: "La Universidad Odulphus construye tu future."

Otra escuela utiliza el texto: "Universidad King William I; aquí lo lograrás."

¿Qué lugar ocupa la escuela cuando afirma tal cosa?

¿Que está trabajando en el futuro del alumno? (Y, ¿no en algo más, como el desarrollar su conocimiento, sino sólo se concentra en el futuro en sí?)

Como estudiante de la Universidad King William I, debo lograrlo - ¿pero, qué si no puedo?

En ambos casos, ¿qué sucede con las responsabilidades de los universitarios, de los padres de familia, y de los docentes?

Reconocimiento al fundador

Bart de Graaff, el fundador de BNN, una organización de televisión holandesa, joven, moderna, murió en el 2002. Esta empresa lo honra con un pequeño museo en la dirección principal. Sus trajes hechos a la medida (debido a una condición renal era del tamaño de un niño de doce años) se exhiben, junto con adornos y fotografías; los siete días de la semana, las 24 horas del día, un televisor en el museo muestra los momentos dorados de su carrera.

Se sigue conmemorando el día de su muerte: a los empleados se les da el día libre y la BNN lo conmemora proporcionándoles cerveza y aperitivos en un bar en la playa.

La pregunta aquí es:

¿Por cuánto tiempo fortalece a la organización este ritual de un día libre?
¿En qué momento se convierte en una festividad ordinaria para todos, parecido a los días festivos normales de los bancos?
¿Durante cuánto tiempo pueden los valores iniciales del fundador, sus metas y deseos seguirse honrando, sin siempre estar conectado directamente con la persona?

A qué quieres pertenecer; ¿de manera abierta o anónima?

En Holanda, se les invita de manera intencional a los ciudadanos – denunciando / informando sobre algo que han visto o saben – de pertenecer a algo donde abiertamente no elijen pertenecer. Denuncia Anónimamente los Crímenes es una línea directa independiente que les pasa información a la policía. La persona que llama puede denunciar a gente que conoce personalmente y hacerlo de manera anónima.

El decidir dónde quieres pertenecer parece ser una historia emocionante.

El denunciar de forma anónima parece como si se corriera con la liebre y al mismo tiempo se fuera de cacería con los sabuesos: no dañando la relación con la otra persona (tal vez porque el precio sería demasiado alto), pero tampoco arriesgando la relación con la sociedad al permanecer callado.
¿Cómo se siente pertenecer a dos sistemas que no quieren pertenecer juntos?
¿Cuál es el costo por informar?
¿Qué tanto ha adoptado la educación la idea de que los niños deberían aprender a no ser chismosos?
¿Cuántos niños no intentan quedar bien con sus padres o amistades (aumentando su pertenencia con ellos) al decir chismes?
¿Qué tipo de padre de familia es capaz de no tomar en cuenta por completo información recibida así?
¿Qué sucede si un padre de familia busca sacarle información a su hijo de esa manera?

Qué lugar te dan? ¿Qué lugar tomas?

A menudo a las autoridades locales holandesas se les refiere como gobierno menor. Esto implica, por supuesto, que hay un gobierno mayor. Últimamente, las autoridades locales se refieren a sí mismas como el primer gobierno.

¿Qué lugar le das a otra persona al elegir tu propio nombre?

¿En equilibrio?

Por lo general, un magnate de la industria no es el esposo ni el padre disponible que le gustaría tener a su familia. En tal caso, es probable que el esposo y la esposa busquen una buena manera de estar para cada uno y para su familia. En una situación así, la esposa se comprometió a cuidar de la familia de lleno sola. Eso le dio al esposo la oportunidad de estar por entero disponible para la compañía. Él a su vez, trató de equilibrar la situación diciéndole a su esposa: "Puedes escribir mi carta de renuncia ahora y la tendré en mi escritorio." Su idea es que presentaría la carta cuando su esposa dijera que ya no podía arreglársela sola.

¿Se aligeró el lugar de la esposa?
¿Le daría el esposo más o menos consideración al efecto que su trabajo tenía en la vida de su compañera?

El marco dentro del cual todo funciona

La fiebre-Q es una enfermedad que afecta sobre todo a las cabras; un número reducido de personas también ha muerto debido a esa causa. Cuando se estaba preparando un plan de acción en caso de que hubiera brotes en el futuro, hubo una pelea feroz para decidir cual ministerio debería ponerse a la cabeza: el Ministerio de Agricultura o el Ministerio de Salud.

El primer lugar es más importante que el segundo. El primero crea la estructura dentro de la cual debe funcionar el segundo.

¿Quién está para quién?

Un bello y ambiental edificio del siglo XIX en una ciudad grande, un buen número de voluntarios se involucran desinteresadamente en lograr que se haga buen uso del edificio utilizándose como un centro de congresos, cursos de entrenamiento y reuniones. Cada uno de ellos se considera como parte de la cultura alternativa. Durante mucho tiempo el edificio ha estado bien económicamente. Sin embargo, están cada vez más inconformes un creciente número de clientes que pagan por el edificio. Tienen la sensación de que están ahí para los voluntarios, en lugar de que los voluntarios estén ahí para servirles a ellos, a los clientes que pagan.

¿Es posible involucrarse en algo, de manera desinteresada por mucho tiempo?
¿Puede la necesidad sistémica de equilibrio resistir sólo dar, cuando el tomar está buscando una salida?

¿Un patrón recurrente?

Llega un niño de la escuela con una nota para sus padres: "Su hijo es disléxico y este es el año de los exámenes finales. Son bienvenidos para hablar sobre este tema con su asesor, pasado mañana de 10:15 a 10:45 am. No se puede cambiar ni la fecha ni la hora."
La firma el asesor, no tiene ni teléfono ni un correo electrónico.

¿Cuál es el lugar de los padres en las secundarias?
¿Pertenecen? Si es así.
¿Qué lugares ocupan? De forma tentativa los maestros hablan de dos tipos de padres de familia: aquellos que empujan demasiado a sus hijos y demandan mucha la atención del maestro y aquellos que fracasan en ser padres y dejan que la escuela resuelva sus problemas.

¿Será esto, quizás un síntoma que muestra que no hay un lugar claro para los padres, en vez de ver si ellos quieren o no quieren participar?

¿Acaso el forcejeo de darle a cada uno su lugar espejea el proceso de pubertad del alumno, el cual sufre durante este período, donde está buscando qué lugar darle en su vida a sus padres?

¿Se estará repitiendo un patrón recurrente aquí?

¿Pudiera ser que los padres, el maestro y el alumno, todos ellos, sienten que están constantemente fallando?

Perteneciendo a aquellos que no pertenecen

La UNPO (por sus siglas en inglés, Unrepresented Nations and Peoples Organization), Organización de Pueblos y Naciones No-representadas, representa los intereses de los países y las naciones que no están afiliadas con ninguna organización internacional. No porque no quieran estarlo, sino porque no son reconocidas, por el todo más grande, por lo que son. Zanzíbar, Estonia, y Timor Oriental son países que hasta hace poco recibieron dicho reconocimiento. Existen como cincuenta pueblos y naciones que, para una gran parte del resto del mundo, no pertenecen. Las Islas Molucas y el Tíbet son ejemplos bien conocidos.

En todo el mundo, la gente tiene diferentes puntos de vista acerca de lo que pertenece y de lo que no pertenece. Se ha derramado mucha sangre alrededor del reclamar y del otorgar un lugar. El proceso deja heridas abiertas y los traumas como consecuencia de ello, cicatrices profundas.

Cómo sería, que donde quiera que uno viviera en el mundo nos dijéramos unos a otros: "Sí, todos pertenecemos a esta tierra y esto nos da derecho a tener un lugar. Así como tú, de verdad queremos mantener nuestra individualidad y conectarnos con el todo mayor.

Anhelamos descubrir cómo crear un equilibrio saludable entre estar juntos y estar separados, entre intercambio mutuo y la preservación de aquello que determina nuestra identidad."

Reconocimiento a todo

Phyllis Rodríguez, una madre estadounidense, perdió a su hijo durante el ataque del 11 de septiembre a las Torres Gemelas en Nueva York. Poco después, empezó a preocuparse acerca de lo que haría su país en nombre de su hijo.

Zacarias Moussaoui, considerado como el veintavo secuestrador – estaba en el avión que intentaba estrellarse en la Casa Blanca. Su madre, Aisha el-Wafi, se fue a los Estados Unidos cuando supo que el gobierno de ese país insistiría en la pena de muerte para su hijo si lo encontraban culpable.

Phyllis y su esposo protestaron en contra de la pena de muerte para Moussaoui y sintieron admiración por la mujer que se atrevió a entrar a ese país hostil para estar junto a su hijo.

Después ambas madres se conocieron. Se dijeron una a la otra, "Como madre has sufrido muchísimo."

Basado en un artículo en el periódico Trouw, 13 de agosto, 2011.

Reconocimiento de todo lo que es; por ambos lados.
Ningún reclamo de una aflicción más grande.
Ya hay suficiente por hacer sin tener que saldar cuentas.

Acerca de los autores

Anton comenta de Siebke

La manera de acercarse de Siebke al trabajo sistémico-fenomenológico es muy pura. El ser derecha y pura en una doctrina no siempre se manifiesta de forma positiva. Con frecuencia viene acompañado de una actitud dogmática y unos mensajes que están más en sintonía con la doctrina que con la gente para quien se pretende trabajar.

Pero, con Siebke es una experiencia muy diferente: ella irradia una aceptación completa y da espacio para todo lo que es. Su radar extremadamente sensible siempre escanea todo, buscando pautas repetitivas y puntos de reconocimiento sistémico. Lo logra mientras está conectada y al mismo tiempo, mientras guarda cierta distancia.

Como entrenadora se mueve sin esfuerzo entre la teoría y la práctica. Todo esto sin enjuiciar y con las demás, muy necesarias cualidades que has leído en este libro. Verdaderamente es una líder en el mundo del trabajo sistémico. Cualquier cliente le encantaría tenerla a ella como su consultor.

El haber colaborado en este libro fue un proceso ágil, suave. Nos tomamos nuestro tiempo para hablar sobre todo en especial para formular y reformular. Partes importantes del libro fueron reescritas en su totalidad, en ocasiones varias veces. Esto lo hizo mejor, más centrado y más preciso. Y a través de este proceso realmente se convirtió en nuestro libro. Por supuesto que reconozco mis propios ejemplos y frases, pero el todo es el resultado de un bello proceso de co-creación. Este libro no es el único resultado, mis habilidades profesionales también se han desarrollado.

Me alegra que Siebke tomara el primer paso hacia el libro. Yo jamás lo hubiese comenzado por mi cuenta.

Algunos hechos. ¿Cuál es su historial de trabajo? ¿Dónde pertenece?

Siebke nació en 1961. Se graduó en psicología social de la Universidad Libre de Ámsterdam. Desde 1987 ha trabajado en y para varias organizaciones grandes como entrenador, coach (de equipos) y consultor. En el Instituto de Comunicaciones en Kortrijk (Bélgica) estudió el curso avanzado de entrenamiento para Manejo de Grupos basado en la teoría sistémica, y un entrenamiento básico en terapia Gestalt. Después de varios años dejó la actividad como entrenadora y consultante para convertirse en la Directora de la Universidad de Medicina Natural en Arnhem. En el 2001, junto con otros colegas, montó su propia empresa, Pragmavisión. Se especializa en temas como acoso en el trabajo, apoyo después de experiencias traumáticas en el trabajo y siendo coach de equipos e individuos para que recuperen su propia fuerza. Participó en el entrenamiento de un año, sobre la Dinámica de Sistemas en las Organizaciones en el Instituto Holandés Bert Hellinger, donde después participó en varios cursos para avanzados para facilitar constelaciones. Desde el 2010, ella, junto con Anton de Kroon, ha sido entrenadora en el Instituto Holandés Bert Hellinger. Está casada y tiene dos hijos.

Siebke comenta de Anton

Anton es una persona gentil. Todo lo que la gente haga o no haga verdaderamente él lo ve como algo que surge del amor y la lealtad, aun cuando su comportamiento sea inaceptable. Su actitud no es ni falsa ni un rol. Él toma a cada uno en su corazón, uno lo puede sentir. Anton es la actitud sistémica básica.

Anton también es muy cuidadoso y preciso. Antes de hablar, permite que la frase se filtre a través suyo y la prueba para ver si tiene el sabor correcto... ¿acaso estas palabras realmente dicen lo que queremos que digan? ¿Alguien leyéndolas podrían darle un acento, un significado diferente? Así, trabajando, pensando y escribiendo juntos, nuestras imágenes, pensamientos y experiencias se convirtieron en palabras y a su vez, las palabras estaban llenas de pensamientos, imágenes y experiencias, a través de los cuales aparecieron nuevos conocimientos.
Anton está familiarizado de pies a cabeza con los sistemas organizacionales. Él sabe de los forcejeos de la administración, la posición especial del gerente interino, las posibilidades y dificultades de realmente cooperar en equipo, la postura agradable y difícil de un consultante o de un coach. El concepto de cada quien en su propio lugar, como la base de un sistema poderoso, es un insight que nació de su propia vida.

También es un hombre con mucha experiencia de vida. Lo que es... es. Tiene el valor de enfrentarse a lo que está ahí, en él y en otros. Y entonces, de repente, existen nuevas posibilidades ya sea para continuar o para decir adiós. Movimientos que surgen de la valentía de mirar a la realidad directamente a los ojos.
Sin Anton este libro no existiría. Él fue el motor del progreso.

Algunos hechos: ¿De dónde viene?

Anton de Kroon nació en 1943. A principios del siglo se familiarizó con el trabajo sistémico por medio de entrenamientos. Desde el 2007, ha estado bastante involucrado con el Instituto Holandés Bert Hellinger, conduciendo cursos de entrenamiento y talleres tanto en casa como en el extranjero y desde el 2010, de manera regular con Siebke Kaat.

Durante catorce años fue socio en el Desarrollo y Administración Organizacional Greep, aportando su propia práctica y sus muy especiales habilidades. Como consultor y coach trabajó considerablemente en organizaciones e instituciones en el cuidado de la salud.

Sus raíces profesionales están en la psicología y la sociología. Desde el principio, su vida profesional ha sido una de desarrollo y aprendizaje continuo. Los resultados de este acercamiento son visibles en su carrera como un profesional, coordinador, líder de equipo, gerente (con responsabilidades siempre en aumento), consultor, entrenador y mentor. Anton se gusta mucho trabajar en otros países.

Acerca la traductora

Gloria Dávila, la traductora del inglés al español

Como facilitadora sistémica, Gloria tiene una manera muy personal y única de sentir el malestar que tiene el cliente. Puede ser representante y facilitar al mismo tiempo lo cual hace que el cliente entre en contacto muy rápido con lo que está sucediendo. Es increíblemente fenomenológico su acercamiento, donde todo juega una parte importante en el movimiento particular del sistema familiar que se está trabajando. Ha publicado en La revista de constelaciones internacionales el campo que sabe y ha participado en el Congreso Sistémico en los Estados Unidos.
Como traductora tiene una manera muy particular de realmente asegurarse que entiende lo que el autor está diciendo, y se cerciora que es fiel a lo que está escrito. Ha participado como intérprete y traductora para el IOCTI (por sus siglas en inglés, International Organizacional Constellation Training Intensive, Entrenamiento Internacional de Constelaciones Organizacionales). Comenta que es un honor y un privilegio ser el puente entre el inglés y el español para este libro, Consultoría sistémica.

Acerca de ella

Gloria Irma Dávila Dávila nació en 1956 en Houston, Texas de padres mexicanos. Realmente es bilingüe y bicultural. Tiene una licenciatura en la enseñanza del inglés como idioma extranjero. Trabajó más de treinta años enseñando inglés como segunda lengua en escuelas públicas y privadas. Fue su necesidad de ayudar a sus estudiantes lo que la motivó a ser terapeuta Gestalt, primero para adultos y después para niños y adolescentes. Una cosa llevó a otra y mientras estudiaba para ser terapeuta de niños se encontró con las Constelaciones Familiares y Organizacionales. Eso fue en el 2001.

Es co-fundadora del Instituto Peregrino de Terapias Sistémicas. Tiene una maestría en pedagogía y actualmente se pasa el tiempo entre ser facilitadora y entrenadora sistémica; una voluntaria en la Casa Hogar de los Pequeños San José, en Saltillo, Coahuila; y ha comenzado a trabajar en su doctorado en investigación y educación social.

Puedes contactar a Gloria en gdaviladavila@gmail.com

Su página www.ipetes.com

Nuestras fuentes de inspiración

Boszormenyi-Nagy, Ivan; Krasner, Barbara, **Between give and take. A clinical guide to contextual therapy**. New York (Brunner/Mazel), 1986. En español: Lealtades invisibles. El equilibrio entre el dar y el tomar. Una guía clínica a la terapia contextual. Amorrortu Editores, 1983

Brenters, Marlies, **De organisatie als netwerk. Hoe mensen organisaties veranderen en organisaties mensen**. Alphen aan den Rijn (Samsom), 1999.

Bryan, Bill; Goodman, Michael; Schaveling, Jaap, **Systeemdenken. Ontdekken van onze organisatiepatronen.** Den Haag (Servicio Academico), 2009.

Capra, Fritjof, **The Web of Life: A New Scientific Understanding of Living Systems**. New York (Achor Books), 1996. En español: La trama de la vida: Una nueva perspectiva de los sistemas vivos. Editorial Anagrama, 1998.

Choy Joep (red.), **De vraag op het antwoord. Systemische interventies voor conflicten in organisaties**. Santpoort Zuid (NISTO), 2005.

Chungliang Al Huang; Lynch, Jerry, **Mentoring, the tao of giving and receiving wisdom**. Nueva York. (Editores Harper Collins), 1995. (Sólo en inglés: El ser mentor, el tao del dar y recibir sabiduría.)

Franke, Ursula, The River Never Looks Back. **Historical and Practical Foundations of Bert Hellinger's Family Constellations**. Heidelberg (Carl-Auer Verlag), 2009. En español: El río nunca mira atrás. Bases históricas y prácticas de las Constelaciones Familiares de Bert Hellinger. Editorial Gulaab. 2009.

Hellinger, Bert, **Die Quelle braucht nicht nach dem Weg zu fragen**. Heidelberg (Carl-Auer Verlag), 2001.

Hellinger, Bert; Weber, Gunthard; Franke-Griksch, Marianne; Mahr, Albrecht; Schneider, Jakob, **Leven zoals het is. Werken met familieopstellingen, organisatieopstellingen en consultatieopstellingen**. Groningen (Het Noorderlicht), 2002.

Hellinger, Bert, **Mitte und mass**. Heidelberg (Carl-Auer Verlag), 1999.

Hellinger, Bert, **De kunst van het helpen**. Groningen (Het Noorderlicht), 2004.

Hellinger, Bert, **Der grosse Konflikt, die Antwort**. München (Goldman Verlag), 2005.

Hellinger, Bert, **Hellinger Sciencia**. Heidelberg (Carl-Auer-Systeme)

Hellinger, Bert, **Erfolge im Leben / Beruf**. Bisschofswiesen (Hellinger Publications)

Holitzka, Marlies en Remmert, Elisabeth, **Systemische organisatieopstellingen. Conflicten oplossen in en op het werk**. Katwijk (Panta Rhei), 2004.

Homan, Thijs, **Organisatiedynamica. Theorie en praktijk van organisatieverandering**. Den Haag (Servicio Académico), 2008.

Jaworski, Joseph, **Synchronicity. The Inner Path of Leadership**. San Francisco (Berrett-Koehler Publishers), 1998. En español: Sincronicidad. El camino interior hacia el liderazgo. Editorial Paidos Ibérica. 1990.

Kampen, Joost, **Verwaarloosde organisaties. Introductie van een nieuw concept voor organisatieprofessionals**. Deventer (Kluwer), 2011.

Minuchin, Salvador & H. Charles Fishman. **Families and Family Therapy, a Structural Approach**. 1973. En español: **Familias y terapia familiar, una propuesta estructural**. Granica Editor. Barcelona, España.1977.

Morgan, Gareth, **Images of Organization**. (SAGE Publication Inc.) 1986. En español: **Imágenes de la organización**. Rama, Madrid. 1990.

Morris, Desmond, **The Human Zoo**, 1994. En español: **El zoo humano**. Plaza & Janes, S.A. Editores Virgen de Guadalupe. Barcelona. 1970.

Perls, Fritz, **Gestalt Therapie Verbatim**. Lafayette Calif. (Real People Press), 1969.

Rosselet, Claude; Senoner, Georg, Enacting Solutions, **Management Constellations, an innovative approach to problem-solving and decision-making in organizations**. (Edizioni Ledizioni Ledi Publishing), 2013.

Satir, Virginia **People Making**. Palo Alto (Science and Behavior Books Inc.), 1972.

Scharmer, C. Otto, **Theory U: Leading from the Future as it Emerges**. Cambridge, Massachusetts (SOL) 2007.

Schaveling, Jaap, **Tijdelijk leiderschap. Dienstbaarheid aan mens en organisatie**. Den Haag (SDU Uitgevers b.v.), 2008.

Seattle, **The Speech of Chief Seattle**, (Applewood Books), 2003.

Senge, Peter; Scharmer, C. Otto; Jaworski, Joseph; Flowers,

Betty Sue, Presence. **Exploring profound change in people, organizations and society**. (Cambridge, Massachusetts), (SOL) 2004.

Sparrer, Insa; Varga von Kibéd, Matthias, Klare Sicht in Blindfl ug. **Schriften zur Systemische Strukturaufstellung**. Heidelberg (Carl-Auer Verlag), 2010.

Stam, Jan Jacob, Fields of Connection. **The practice of organisational Constellations**. (Het Noorderlicht), 2006. (En español: **Campos de conexión. La práctica de las constelaciones organizacionales**. Editorial Herder

Stam, Jan Jacob, **Vleugels voor verandering. Organisatieontwikkeling vanuit een Systemisch Perspectief**. Groningen (het Noorderlicht), 2012.

Varga von Kibéd, Matthias; Sparrer, Insa, **Ganz im Gegenteil. Tetralemmaarbeit und andere Grundformen Systemischer Strukturaufstellungen – für Querdenker und solche, die es werden wollen**. Heidelberg (Carl-Auer Verlag), 2005.

Weber, Gunthard, **Praxis der Organisationsaufstellungen**. Heidelberg (Carl-Auer-Systeme Verlag), 2000.

Weick, Karl, **The social psychology of organizing**. Reading (Addison-Wesley), 1979.

Whittington, John, Systemic Coaching & Constellations. **An introduction to the principles, practices and application**. London (Kogan Page), 2012.

El Instituto Holandés Bert Hellinger

El Instituto Holandés Bert Hellinger se creó para de manera continua desarrollar la teoría y la práctica del trabajo sistémico y de hacerlo accesible a las personas y a las organizaciones. Se logra por medio de talleres, entrenamientos, organizando seminarios y congresos y escribiendo, traduciendo y publicando libros y otro material en el área del trabajo sistémico.

Bert Hellinger Instituut Nederland
Jan Jacob Stam y Bibi Schreuder

Middelberterweg 13a
9723 ET Groningen
Nederland

Phone: 00 31 (0)50 5020680
info@hellingerinstituut.nl
www.hellingerinstituut.nl

SystemicBooks.com

La mejor plataforma para la lectura del trabajo sistémico que puedas encontrar.

SystemicBooks (Libros sistémicos) es una Casa Editorial independiente enfocada en crear contenido de alta calidad de la extensa gama de libros disponibles. Los libros van desde las obras clásicas hasta los vanguardistas con nuevas adaptaciones de la manera sistémica de pensar y trabajar. Es así como pretende responder a la diversidad de conocimiento que tienen o necesitan las personas. Desde los principiantes a los expertos en el pensamiento sistémico, todos pueden enriquecer sus conocimientos aquí.

Systemic Books tiene la meta de fortalecer nuestra comprensión y apreciación del modo sistémico de trabajar. La perspectiva sistémica es en principio un cambio de paradigma y después avanza más allá de los desafíos que enfrenta el mundo hoy en día.

Traducimos, editamos y publicamos libros, libros excelentes acerca del pensamiento y trabajo sistémico. Hacemos uso de todas las posibilidades modernas en la publicación e impresión para ponerlos a disposición de todo el mundo. La propiedad siempre es del autor. Al hacerlo de esta forma, creamos el lugar más fuerte y más vívido posible para el libro.

SystemicBooks es una Casa Editorial fundada con energía conjunta de Siets Bakker y Barbara Piper en 2016. Cuando nos conocimos en el 2015, nuestra noción e interés en la perspectiva sistémica y nuestro amor compartido por los libros, plantó la semilla para SystemicBooks. Esta iniciativa combina nuestro conocimiento del mundo editorial y los esfuerzos para hacer que el trabajo sistémico esté al alcance de una audiencia global.

Para más información: por favor contáctenos en
info@systemicbooks.com

www.ingramcontent.com/pod-product-compliance
Lightning Source LLC
Chambersburg PA
CBHW070353200326
41518CB00012B/2222